Geschichte der Siedlungswasserwirtschaft

100 Jahre II. Wiener Hochquellenleitung

2010

Impressum

Autoren
Dipl.-Ing. Ladislaus D. György,
Mag. Christof Hahn

Übersetzung
Mag. Sigrid Szabo (S. 6 – 114),
Mag. Sandra Schopf

Fotos
Lois Lammerhuber (S. 117, 122, 127, 132, 133),
Wiener Umweltschutzabteilung (MA 22),
Österreichische Nationalbibliothek,
Historisches Museum der Stadt Wien

Grafische Gestaltung
Franz Xaver Sattler,
Markus Frühwirth

Copyright 2010 by
Bohmann Druck und Verlag Ges.m.b.H. & Co. KG.
A 1110 Wien, Leberstraße 122, Tel.01/74095-222

Alle Rechte, auch die des auszugsweisen Abdrucks oder der Reproduktion einer Abbildung, sind vorbehalten. Das Werk einschließlich all seiner Texte ist urheberrechtlich geschützt. Jede Art der Vervielfältigung, auch auszugsweise, ist gesetzlich verboten.

Printed in Austria.

ISBN: 978-3-99015-003-0

Quellfrisches Trinkwasser für die Millionenstadt Wien

Im Dezember 2010 feierte die „II. Wiener Hochquellenleitung" ihren hundertsten Geburtstag. Zusammen mit der Mitte des 19. Jahrhunderts errichteten „I. Wiener Hochquellenleitung" verfügt Wien damit über eine Wasserversorgung, die weltweit einzigartig ist: Die Versorgung einer Millionenmetropole mit bestem Trinkwasser aus den Bergen.

Die Basis dafür bilden die weiträumigen Quellschutzgebiete, aus denen das Trinkwasser entlang eines natürlichen Gefälles aus den niederösterreichischen und steirischen Alpen nach Wien gelangt. Schon damals hatten sich die Verantwortungsträger in Wien für den Schutz der Ressource ausgesprochen. Entscheidend für die Bewahrung des „Wasserschatzes" am Ort der Gewinnung war und ist es auch heute, optimale Bedingungen für den Schutz der Quellen zu schaffen. Der „Schlüssel" dazu ist die schonende Bewirtschaftung der Wiesen, Weiden und Wälder, unter denen sich der natürliche Wasserspeicher „Karst", eine Kalksteinformation, befindet. Die Forst-, Jagd- und Landwirtschaft, aber auch der Tourismus sind auf diesen Flächen der Trinkwasserbereitstellung untergeordnet. Die ersten Quellschutzgebiete wurden von der Stadt bereits im Zuge der Errichtung der Ersten Wiener Hochquellenleitung angekauft. Heute tragen die Wiener Wasserwerke und das Forstamt der Stadt Wien die Verantwortung für eine Gesamtfläche von rund 31.500 Hektar. Mehr als 200 MitarbeiterInnen der Stadt Wien arbeiten vor Ort am Schutz der Quellen, die Stadt investiert in diesen Schutz jährlich rund 13 Millionen Euro.

Die Bereitstellung von frischem und gesundem Trinkwasser aus dem Wasserhahn ist auch ein wertvoller Beitrag zum Umweltschutz: Durch den Konsum von quellfrischem Leitungswasser können Zigtausende leere Kunststoffflaschen vermieden werden, deren Herstellung überdies viel Energie verbraucht. Das in den Hochquellenleitungen fließende Wasser hingegen erzeugt sogar so viel Energie, dass 20.000 Haushalte mit Strom versorgt werden können.

Wie auch dieses Buch zeigt, ist eine ausreichende, verlässliche, hochqualitative und zu angemessenen Gebühren bereitgestellte Wasserversorgung Basis für die hohe Lebensqualität in der Millionenstadt Wien. Die Stadt Wien ist sich dieser Verantwortung bewusst und hat deshalb auch schon die Weichen für nachfolgende Generationen gestellt. So ist Wien seit Dezember 2001 die erste und bis heute einzige Metropole der Welt, die das Trinkwasser und die Quellschutzgebiete durch eine eigene Verfassungsbestimmung schützt.

Michael Häupl
Bürgermeister und Landeshauptmann

Ulli Sima
Umweltstadträtin

Fresh mountain spring water for metropolitan Vienna

The Second Vienna Mountain Spring Pipeline celebrated its 100th anniversary in December 2010. Together with the First Vienna Mountain Spring Pipeline built in the mid-19th century, it provides Vienna with a water supply system unmatched worldwide: fresh mountain spring water for a city with more than one million inhabitants.

This drinking water comes from vast source protection areas in the Lower Austrian and Styrian Alps and flows along a natural gradient down to the Austrian capital. Water protection has been a key concern to the city authorities since the early days. Traditionally, the prerequisite to conserving water at its source is to ensure optimal conditions for the protection of the springs. The key to this is an environmentally sustainable management of meadows, pasture land and forests, below which the karst terrain, a limestone formation hosting natural spring water, is situated. In these areas, drinking water abstraction has priority over forestry, hunting and agriculture. The first source protection areas were acquired by the city authorities already during the construction of the First Vienna Mountain Spring Pipeline.

Today, the Vienna Waterworks and the Forestry Office of the City of Vienna are responsible for a total area of 31,500 hectares. More than 200 City Council employees work on site to help protect the springs, and the city spends some 13 million euros each year on protection.

The provision of fresh and healthy drinking water on tap is also a valuable contribution to protecting the environment: the consumption of fresh mountain spring tap water helps to save tens of thousands of empty plastic bottles, the manufacture of which devours precious energy. Water flowing down from the mountains, in turn, even produces energy – enough to supply 20,000 households with electricity.

As also illustrated in this book, the high quality of living in metropolitan Vienna stems from a sufficient, reliable and reasonably priced supply of impeccable drinking water. The City of Vienna is well aware of its responsibility in this respect and has therefore already set the course for future generations. Since December 2001, Vienna has been the first and so far only metropolis worldwide where drinking water and its source protection areas are protected by a constitutional provision.

Michael Häupl
Mayor of the City of Vienna

Ulli Sima
City Councillor for the Environment

Abb. 1:
Felszeichnung aus der Steinzeit

NESCIRE QUID ANTEA QUAM NATUS SIS ACCIDERIT, ID EST SEMPER ESSE PUERUM

MARCUS TULLIUS CICERO

(Der bleibt ewig ein Kind, der die Geschichte nicht kennt)

Anfänge der Technik und der Wasserversorgung

Wir leben im Schatten eines riesigen Fragezeichens. Wo sind wir? Woher kommen, wohin gehen wir?
Langsam, aber mit beharrlichem Mut schieben wir dieses Fragezeichen immer weiter nach der entfernten Linie jenseits des Horizonts, wo wir die Antwort auf unsere Fragen zu finden hoffen. Wir sind weit, aber noch nicht sehr weit gekommen. Wir wissen eigentlich erst sehr wenig, haben aber den Punkt erreicht, wo wir mit einiger Genauigkeit manches erraten können.
Aus stummen Stücken von Knochen, die man in den untersten Tonschichten alter Böden gefunden hat, konnten die Anthropologen mit ziemlicher Genauigkeit unsere Urahnen – rekonstruieren. Vor mehr als 500.000 Jahren lebte ein behaartes Geschöpf mit niedriger Stirn, tiefliegenden Augen und mächtigem Unterkiefer. Dieser Urmensch war schon ein Schöpfer, denn er verwendete einen Stein, um eine Nuss zu knacken, und einen Stock, um einen schweren Felsblock in die Höhe zu heben. Mit dem ersten bewusst verwendeten Steinzeug im Dämmer der Urzeit beginnt die Technik. Man nimmt an, dass diese Urgeschichte der Technik vor rund 600.000 Jahren – mit Beginn der Eiszeit – anfängt.
Der Mensch der Altsteinzeit las Flint von der Oberfläche der Erde auf. Später lernte er, die wichtigen Feuersteinknollen im richtigen Bergbau zu gewinnen. Einen sonst als Strudelloch gedeuteten Schacht in der Kiesgrube Carpentier bei Abbeville – aus dem jüngeren Campignien Europas – deutet H. Quiring als einen von Menschen angelegten, sogenannten Kuhlenbau, der dazu diente, zu jenen Schichten zu gelangen, die das unverwitterte Rohgut für die Werkzeuge enthielt. Überall verwendete man die gleiche Technik; Löcher mit einem Durchmesser von 1 bis 10 m wurden senkrecht bis etwa 17 m niedergebracht. Um

The earliest origins of technology and water supply

We live in the shadows of a gigantic question mark. Where do we stand? Where do we come from, and where are we going?
Slowly, but with tenacious courage, we push this question mark farther and farther toward that still distant line beyond the horizon where we hope to find the answers to our questions. We have come a long way, but perhaps not yet that far, either. Actually, we know very little, although we have reached a point where we may at least make a number of educated guesses.
Mute bone fragments found in the lowest clay layers of ancient soil have permitted anthropologists to reconstruct our distant ancestors with reasonable accuracy. More than half a million years ago, our planet was inhabited by hirsute, low-browed creatures with deep-set eyes and powerful jaws. These primordial humans were already creative, since they used stones to crack nuts and sticks to lift heavy rocks. The first deliberate use of stone tools at the dawn of human evolution marks the birth of technology. It is estimated that this prehistory of technology took its roots around 600,000 years ago, with the onset of the glacial period.
Palaeolithic humans picked up flint from the ground. Later, they learned to mine the Earth's entrails for flint stone nodules. H. Quiring has interpreted a shaft in the Carpentier gravel pit near Abbeville often taken for an eddy hole – dating from the late Campignian – as a manmade pit structure that served the purpose of reaching seams containing undecayed raw material to make tools. The same technique was used everywhere: holes with a dia-

meter from 1 m to 10 m were sunk vertically down to a depth of roughly 17 m. To prevent the walls from collapsing, deeper shafts were given a funnel shape. The 17-metre shaft in Spiennes (Belgium) presents a diameter of 2.5 m at the top and of 1 m at the bottom. The first wells were probably funnel-shaped, too.

However, in the beginning, humans – like animals – had to search for and locate water before being able to quench their thirst. Archaeological finds indicate clearly that the first primitive settlements sprang up in the vicinity of natural watercourses that offered ideal conditions for drinking (Fig.1). In the hot season, though, some creeks and even rivers or lakes ran dry; the discharge of many springs likewise shrivelled up. This meant searching for a new watering place or finding a substitute. From necessity, humans began to scrape the ground for the precious resource.

To this day, we may observe Aboriginal tribes in Australia scooping the sand of dried-up riverbeds to gain access to water. Animals, too, burrow instinctively in such spots to arrive at the subsoil water level. These soakages give rise to waterholes dug in sand or soft stone. Haberlandt describes a different technique applied by the Australian Aborigines in particularly arid zones: a spear is thrust deep into the ground, and a bunch of dry grass to retain gross pollutants is placed atop. Then a hollow plant stalk is introduced into the hole to draw up water. Similar devices have also been identified in South Africa and Tierra del Fuego (South America).

A further development stage is exemplified by the abovementioned waterholes, which were provided with vertical walls made of wattles and stones. Later these permanent waterholes evolved into wells.

den Einsturz der Wände zu vermeiden, wurden die tieferen Schächte trichterförmig angelegt. Der 17 Meter tiefe Schacht in Spiennes hat oben einen Durchmesser von 2,5 m und unten einen solchen von 1 m. Auch die ersten Brunnen dürften trichterförmig angelegt worden sein. Am Anfang allerdings spürte auch der Mensch, ebenso wie das Tier, dem Wasser nach; er musste danach suchen, wenn er trinken wollte. Auch aus den archäologischen Funden geht eindeutig hervor, dass die ersten primitiven Siedlungen in der Nähe natürlicher Wasserläufe entstanden, die zum Wassertrinken ideale Bedingungen boten (Abb.1.) Manche Bäche, sogar Flüsse und Seen trockneten in den heißen Monaten aus und auch die Schüttung vieler Quellen versiegte. Dann hieß es neue Orte oder Ersatz zu finden, um den Durst löschen zu können. Aus der Not heraus fing der Mensch an, nach dem kostbaren Nass zu scharren.

Bei einigen primitiven Stämmen in Australien beobachtet man noch heute das Aufscharren von Sand in ausgetrockneten Flußbetten zum Aufdecken des Wassers. Auch Tiere wühlen an solchen Stellen instinktiv, um zum Wasserspiegel zu gelangen. Aus diesen „Soakages" (Wasserscharrlöcher) entstehen dann die Brunnenlöcher im Sand oder in weichem Gestein. Haberlandt beschreibt eine andere Technik, welche die Ureinwohner Australiens in besonders wasserarmen Gebieten anwenden; man stößt einen Speer tief in den Boden, und steckt ein Büschel trockenen Grases, das dazu dient, die groben Verunreinigungen zurückzuhalten, darauf. In das Loch wird dann ein Rohrhalm eingeführt, durch den das Wasser aufgesogen wird. Ähnliche Einrichtungen fand man auch in Südafrika und auf Feuerland in Südamerika.

In weiterer Entwicklungsstufe entstanden die schon genannten Wasserlöcher, die dann unter Verwendung von Flechtwerk und Steinen senkrechte Wandungen erhielten. Später entwickelten sich diese befestigten Wasserstellen zu Brunnen.

Die Erfindung des Topfes dürfte wohl mit der Entstehung der gegrabenen Brunnen zusammenhängen. Gefäße aus den vorgeschichtlichen Siedlungen dürften zumindest zum Teil als Behälter für Wasservorräte gedient haben. In den Häusern der Hallstattzeit standen tönerne Wassergefäße regelmäßig – halb in den Boden eingegraben – neben dem Herd.

Die ersten Hochkulturen der Menschheit in Indien, Mesopotamien und Ägypten entstanden vor rund 5.000 Jahren, in Tälern großer Ströme; Indus, Euphrat, Tigris und Nil führten genügend Wasser und der Boden war durch regelmäßige Überschwemmungen außerordentlich fruchtbar. Gerade diese Tatsache stellte den Völkern besondere technische Aufgaben, was wiederum eine straffe staatliche Organisation erforderte.

We may assume that the invention of pots is a consequence of the emergence of dug wells. At least part of the vessels found in prehistoric settlements probably served for water storage. Hallstatt period houses commonly featured clay vessels for water – half embedded in the ground – that were placed beside the hearth.

The first advanced civilisations of India, Mesopotamia and Egypt developed roughly 5,000 years ago in the valleys of major rivers; the Indus, Euphrates, Tigris and Nile all carried sufficient quantities of water, and the soil was extremely fertile due to regular inundations – a fact that confronted these civilisations with special technical challenges, which in their turn called for efficient organisational structures.

EARLY ANTIQUITY

Indus Valley civilisation, Mohenjo-daro and Harappa

In 1856, during the seminal reign of Queen Victoria, England was building the East Indian Railway line from Karachi to Lahore. Ballast and stones were needed to provide for solid embankments. Brahmanabad, a medieval city ruin, was situated near the southern line section. Great quantities of bricks were easily found here, and the workers took whatever was needed. The director of the northern line section had a closer look at the surrounding area and in due course discovered the ruins of an ancient settlement near the modern town of Harappa; so he had the rubble removed as best possible.

Harappa is not distant from the original bed of the river Ravi, which later changed its course. Since the bricks from the old city were used as filler for the railway embankments, the archaeologist Sir John Marshall began to look for other sites suitable for exploring the vestiges of this civilisation. He found them in the mounds of Mohenjo-daro, approx. 40 km south of Larkana in northern-central Sindh. Other important excavation sites are Chanhudaro, Rupar, Kot Diji and Lothal. However, Mohenjo-daro is by far the best preserved of these settlements. According to the finds, it is possible to date

DAS ALTERTUM

Induskultur, Mohenjo-daro und Harappa

Im Jahre 1856, zur Zeit der großen Königin Viktoria, baute England die Ostindische Eisenbahn von Karachi nach Lahore. Um eine solide Böschung zu bauen, brauchte man festen Grund und Steine. Unweit der südlichen Strecke lag Brahmanabad, eine Stadtruine aus dem Mittelalter. Hier lagen Berge von Ziegeln und man holte sich, was gebraucht wurde. Der Leiter der nördlichen Strecke sah sich auch die Umgebung etwas genauer an und entdeckte neben dem modernen Städtchen Harappa eine alte Stadtruine. Er ließ die Trümmer nach besten Kräften abräumen.

Harappa liegt nicht weit entfernt von dem ursprünglichen Bett des Ravi, der dann später seinen Lauf veränderte. Da die Ziegel der Stadt als Schutt zum Eisenbahndamm verwendet wurden, suchte der Archäologe Sir John Marshall andere Orte, wo sich die Reste dieser Kultur erforschen ließen. Er fand sie schließlich in den Schutthügeln von Mohenjo-daro, etwa 40 km südlich von Larkana im mittleren Sind. Weitere Hauptgrabungsstätten sind noch Chanhudaro, Rupar, Kot Diji und Lothal. Mohenjo-daro stellt die weitaus am besten erhaltene dieser Städte dar. Nach Funden ist eine annähernde Datierung der Induskultur in das 3. und 2. Jahrtausend vor Christi möglich.

Gleich bei den ersten Ausgrabungen erlebte man eine Überra-

Abb. 2: Brunnen in einem Hof mit gepflastertem Fußboden; Mohenjo-daro.

schung. Die Städte scheinen nach wohlüberlegten Plänen erbaut worden zu sein. Die Straßen laufen durchwegs etwa parallel und werden von anderen parallelen Straßen in rechten Winkeln gekreuzt. Sowohl Mohenjo-daro als auch Harappa waren aus gebrannten Ziegelsteinen erbaut.

Wer durch die Ruinen dieser Städte wandert, erkennt, dass hier einst Wohnhäuser standen, die sozusagen mit allem Komfort ausgestattet waren. Nichts fehlte zur Bequemlichkeit. Das Bad war da, die Toilette, Kanalisation und Frischwassertanks, bequeme Schlafräume, Fremdenzimmer und Portierlogen. All das bestand zu einer Zeit, da man in Mitteleuropa außer der Höhle noch keine Behausung kannte.

Die meisten größeren Gebäude und Häuser besaßen ihre eigenen Brunnen. Die Räume, in denen die Brunnen lagen, waren gewöhnlich sorgfältig gepflastert (Abb. 2). Für die Brunnenwandung wurden keilförmige Ziegel hergestellt. Sie wurden innen sorgfältig geplättet und zusammengestellt. Der übliche Schachtdurchmesser betrug ca. 90 cm. Man hat aber auch Brunnen gefunden, die nur 60 cm maßen und wieder andere mit einem Durchmesser von 2,10 m.

Der Brunnenschacht ragte im allgemeinen nur ein paar Zentimeter aus dem Pflaster heraus, wohl um das Einfallen von Schmutz zu verhindern. Zum Wasser heben verwendete man Gefäße, die durch Seile emporgezogen

Abb. 3: Teilweise ausgegrabener Brunnen in Mohenjo-daro. Mit der Erhöhung der Stadt wurde auch der Brunnenschacht immer höher aufgemauert.

the Indus valley civilisation back to roughly the 3rd and 2nd millennia B.C.

Already the first digs yielded a surprise: the cities seemed to have been built according to a planned layout. The streets follow a regular, mostly parallel grid and intersect with other parallel streets at right angles. Both Mohenjo-daro and Harappa were built with baked bricks.

Walking through the ruins of these settlements, it becomes evident that they were made up of residential buildings that were very comfortable and boasted all "mod cons", as it were. There were bathrooms, toilets, sewers and freshwater cisterns, pleasant bedrooms, premises for guests and porter's lodges – all at a time when the tribes inhabiting Central Europe had not yet abandoned their caves.

Most of the larger buildings and houses had their own wells. As a rule, the well rooms were skilfully paved (Fig. 2). Wedge-shaped bricks were manufactured for the well linings, carefully levelled on the inside and then assembled. On an average, well shaft diameters were approx. 90 cm; however, some wells presented a diameter of only 60 cm, while others extended across 2.10 m.

Generally, well shafts protruded only a few centimetres from the pavement, probably to prevent fouling by dirt. Water was drawn using vessels pulled up with ropes. Some bricks present deep furrows caused by the constant scraping of the ropes. With the rising ground level, the well shafts, too, had to be raised from time to time. Fig. 3 shows such a well.

Some of these wells have been cleared out and once more taken into operation. The current water level is significantly higher than in the olden days.

Practically every house boasted a bathroom, which was invariably situated on the side facing the street, as this permitted easy discharge of the water. Sometimes, a latrine was inserted between the bath and the wall separating the house from the street. Occasionally, these privies were situated on the floor above. In this case, water and waste were carried away by a brick gutter inside the wall or – more rarely – via an open ditch whose point of discharge was strategically located to make sure that passersby outside would not be spattered by water descending from the drain. The joints around the drain were smoothed so carefully that they are almost invisible even today.

Bathrooms were small, square or rectangular premises with skilfully laid brick paving that sloped slightly towards one corner; this was the discharge point for the water, which usually flew through the privy. Some bathrooms contained fragments of earthenware jugs used to carry water.

Moreover, the archaeologists found clay pipes used for draining, each equipped with a collar to ensure a reliable joint. These were mounted both horizontally and vertically.

Sewage was removed by means of brick-lined conduits. Such conduits were found in every street,

wurden. Man fand tiefe Furchen in den Ziegeln, die vom Scheuern der Stricke stammen. Als die Stadt höher rückte, mussten auch die Brunnenfassungen von Zeit zu Zeit erhöht werden. Die Abbildung 3 zeigt einen derartigen Brunnen.

Einige dieser Brunnen sind jetzt ausgehoben und wieder in Gebrauch genommen worden. Der Wasserspiegel steht heute beträchtlich höher als in alter Zeit.

So gut wie jedes Haus besaß ein Badezimmer, das immer an der Straßenseite des Gebäudes lag, wo das Wasser leicht abgelassen werden konnte. In einigen Fällen lag ein Abtritt zwischen dem Bad und der Straßenwand. Manchmal fand man diese hygienischen Einrichtungen auch im Stockwerk. Wasser und Unrat flossen in diesem Falle durch eine Ziegelrinne im Inneren der Mauer, seltener durch einen offenen Abfluss, dessen Ausfluss so angesetzt war, dass das herunter strömende Wasser die Geher nicht bespritzte. Die Fugen um den Abfluss herum waren so sorgfältig glattgerieben, dass sie noch heute kaum zu sehen sind.

Das Badezimmer war ein kleiner quadratischer oder rechteckiger Raum mit einem sorgfältig gelegten und nach einer Ecke geneigten Ziegelpflaster. In dieser Ecke lag der Abfluss für das Wasser, das meistens durch den Abtritt floss. Einige Baderäume enthielten die Reste von Tonkrügen, die als Wasserbehälter dienten.

Man fand auch Tonrohre (jedes mit einem Hals versehen, damit sie gut zusammenhielten), die zur Entwässerung verwendet wurden. Sie lagen sowohl horizontal als auch vertikal.

Die Abwässer wurden in einem Kanal, der aus Ziegeln errichtet war, abgeleitet. Dieser Kanal zog sich durch jede Straße, manchmal sogar durch winzige Gassen. In diesen Hauptkanal mündeten die kleineren Zuflüsse aus den Häusern zu beiden Seiten der Straße. Die Abmessungen des Kanalprofiles schwanken zwischen 30 und

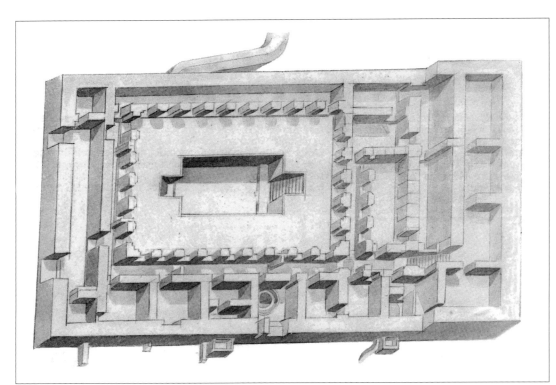

Abb. 4: Rekonstruktion des großen Bades in Mohenjo-daro.

60 cm Tiefe und 23 bis 46 cm Breite, je nach der abzuleitenden Wassermenge. Als Baumaterial wurden gewöhnliche, mit Lehmmörtel gebundene Ziegelsteine verwendet; häufig fand man auch Kalk, Gips oder beides mit Lehm vermischt als Bindemittel. Im Allgemeinen wurden die Kanäle mit losen Ziegelsteinen zugedeckt, die einige Zentimeter unter der Straßenoberfläche lagen. Dadurch war die Reparatur und Reinigung erleichtert. Ungewöhnlich breite Kanäle wurden mit grob zugehauenen Kalksteinblöcken überdeckt. In gewissen Abständen waren geräu-

sometimes also in tiny lanes. The smaller conduits from the houses on both sides of a street converged in a main sewer. The sewer profile presented dimensions between 30 and 60 cm in depth and between 23 and 46 cm in width, depending on the volume to be discharged. The standard construction material was simple bricks bound with clay mortar; other frequently employed binding agents included lime, plaster or both, mixed with clay. Generally, the conduits were covered with loose bricks at a few centimetres below the street surface, which facilitated repair and cleaning. Unusually wide conduits were covered with roughly hewn limestone blocks. At specific intervals, the draining system had spacious, walkable manholes; they featured wood ceilings to facilitate cleaning by staff duly designated by the city elders. The slightly curving arches were done in wedge-shaped bricks. To prevent the drains from overflowing, rainwater and wastewater discharged from the houses were diverted into a kind of cesspool, where the solids were allowed to settle. When the settling basin was three-quarters full, the water was discharged into the drain.

The most important building so far excavated in Mohenjo-daro is the Great Bath (Fig. 4) done entirely in baked bricks. This massive structure would be hard to top. Sir J. Marshall comments as follows, "In the midst of the open quadrangle is a large swimming-bath, some 39 feet long by 23 feet broad and sunk about eight feet below the paving of the court, with a flight of steps at either end, and at the foot of each a low platform for the convenience of bathers, who might otherwise have found the water too deep. The bath was filled from the well …, and the waste water was carried off through a covered drain". The pool is watertight and still close to intact after 5,000 years. Steam baths and cool wells, changing rooms and rest areas – all features of a modern bathing establishment existed here in Mohenjo-daro long before the beginnings of Occidental history.

When the water was drained from the pool, it passed from a small, square aperture in the south-western corner into a flat-roofed gutter with wood transoms that could be cleaned. The water was then conducted through a space of about 70 cm width, whose corbelled vault was high enough to enable a man to pass through it without stooping.

A big well on the eastern side of the bath was used to fill the basin; when the outlet was shut off with a lock, the vault was filled with fresh water, which in its turn filled the pool under its own pressure. The brick lining of the pool was reinforced with a bitumen layer to prevent leakage.

mige, begehbare Schächte im Entwässerungskanalsystem eingebaut; diese waren mit Holzdecken versehen, um die Reinigung durch die städtischen Beauftragten zu erleichtern. Die Bogen wurden als leichte Rundungen, aus keilförmigen Ziegeln erbaut.

Um zu verhüten, dass die Straßenkanäle überliefen, wurde das Regen- und Schmutzwasser der verschiedenen Häuser in eine Art Senkgrube geleitet, wo sich die Feststoffe absaßen. War der Sumpf dreiviertel voll, dann floss das Wasser in den Straßenkanal ab.

Der bedeutendste Bau, den man bisher in Mohenjo-daro ans Tageslicht brachte, ist das große Bad (Abb. 4), das ganz aus gebrannten Ziegeln erbaut ist. Diese massive Konstruktion kann schwerlich übertroffen werden. Sir J. Marshall schreibt darüber: „Das Schwimmbecken war wasserdicht. Nach 5.000 Jahren ist es immer noch fast intakt. Ein Abflusskanal und unterirdische Zuleitungen sorgten für den Austausch des Wassers. Dampfbäder und kühle Brunnen, Umkleideräume und Ruhestätten, alles was eine moderne Badeanstalt hat, gab es hier in Mohenjo-daro lange vor Beginn unserer Weltgeschichte".

Wenn das Wasser aus dem Bad abgelassen wurde, floss es durch ein kleines viereckiges Loch in der Südwestecke in eine Gosse mit flachem Dach, das hölzerne Querbalken trug, die gereinigt werden konnten. Das Wasser wurde dann weiter durch einen Raum von etwa 70 cm Breite geleitet, dessen falsches Gewölbe hoch genug gebaut war, um einem Mann zu ermöglichen, ungebückt hindurch zu schreiten.

Ein großer Brunnen an der östlichen Seite des Bades diente zum Füllen des Beckens, wenn man den Abfluss mit einer Schleuse schloss, konnte man das Gewölbe mit frischem Wasser füllen, das dann auf Grund des eigenen Druckes dieses Becken füllte. Die Backsteinverkleidung des Bades wurde durch eine Lage Erdpech verstärkt, um ein Leck springen zu verhüten.

Mesopotamien

Mit dem sesshaft werden der Menschen, besonders in den Städten des Zweistromlandes, genügte das Wasserholen von Quelle oder Fluss oder vom Brunnen nicht mehr. So entstanden im Sinne des Wortes die ersten Wasserleitungen, welche aus künstlich angelegten Gräben von mehr oder weniger starker Neigung bestanden, die zunächst oben noch unbedeckt waren. Jeder der Wasser brauchte, schöpfte einfach daraus. Später brachte man an der Rinne besondere Schöpfbecken an, um das Schöpfen des Wassers zu erleichtern.
Eine solche aus einer Rinne mit Schöpfbecken bestehende Wasserleitung fand A. H. Layard (ein Abenteurer, bedeutender Wissenschaftler und Politiker) bei seinen Ausgrabungsarbeiten in Assyrien, in einer Schlucht bei Bavian. Layard berichtet: „... Höher hinauf in der Schlucht ließ ich ebenfalls den Boden wegräumen und fand eine Reihe in den Felsen gehauener Wasserbecken, die stufenweise in den Fluss hin abführten. das Wasser war ursprünglich durch kleine Rinnen aus einem Becken in das andere geleitet worden und an der Mündung des untersten waren zwei springende Löwen im Relief als Verzierung angebracht. Wir reinigten die verstopften Rinnen, gossen Wasser in das obere Becken und stellten so die Wasserkunst wieder her, wie sie zur Zeit der Assyrer (1800 – 612 v. Chr.) gewesen war."
Botta grub in Kujundschik ein Relief aus, das im Britischen Museum zu bewundern ist. Es zeigt uns die Verteilung des Wassers durch derartige Kanäle. Es scheint sich hier um eine Wasserversorgung zu handeln, die zur Deckung des Palast-Wasserbedarfes gedient haben dürfte. Das abströmende Wasser wurde dann zur Bewässerung von Gärten verwendet.
Die Seitengräben zweigen im mäßig gespitzten Winkel vom Hauptkanal ab. Der von diesen Wasserversorgungs-

Mesopotamia

With the gradual abandoning of the nomadic lifestyle and especially with the emergence of Mesopotamian cities, water fetched from a spring, river or well was no longer sufficient. This led to the invention of the first water conduits. Constructed as artificial ditches with more or less marked declivity, they originally remained uncovered, enabling everyone to scoop as much water as needed. Later the ditches were equipped with special basins to facilitate scooping.
Such a water conduit composed of a ditch with scooping basin was unearthed by the adventurer, notable scientist and politician A. H. Layard during his excavations in the Assyrian ravine of Bavian. Layard writes: "… Higher up the gorge, on removing the earth, I found a series of basins cut in the rock and descending in steps to the stream. The water had originally been led from one to the other through small conduits, the lowest of which was ornamented at its mouth with two rampant lions in relief. These outlets were choked up, but we cleared them, and by pouring water into the upper basin restored the fountain as it had been in the time of the Assyrians" (1800-612 B.C.).
In Kuyunjik, Botta excavated a relief depicting the distribution of water by means of such conduits, which can be admired at the British Museum. Apparently, this was a water supply system devised to meet the requirements of the palace. The outgoing water was used to irrigate gardens.
The side ditches bifurcate from the main conduit at a moderately acute angle. In some zones, the conduit of approx. 45 km length departing from these supply points was hewn from hard shell limestone;

in a few spots, it is approx. 14 m deep. Brick-built conduits exist as well but are less frequent.

In the 3rd millennium B.C., reservoirs for collecting and storing rainwater were already known in Mesopotamia, although such cisterns were of minor importance for water supply. Cisterns were already located in the courtyards, precisely as in the later Greek and Roman houses.

A well excavated in a temple in Assur dates from the era of Sennacherib (704-681 B.C.) and features a shaft well built with limestone blocks. Inside the temple proper, a water reservoir was discovered, its walls waterproofed with bricks and bitumen, as well as a large basin for ritual ablutions, which was continuously supplied with fresh water.

The large rock relief of Bavian commissioned by Sennacherib contains the following inscription: "… From 18 districts or villages, I dug 18 canals to Ussur or Khusur, in which I collected their waters. I also dug a canal from the borders of the town or district of Kisri to Nineveh and brought these waters through it; I called it the canal of Sennacherib…"

According to this text, water supply in Nineveh was safeguarded by open canals that brought water from far away to the city. Even an aqueduct was erected to take a canal across a river. Inside the city, the canals branched off along the different main streets. We may assume that several sites were simultaneously supplied with water; thus we may speak of a collective water conduit.

Herodotus writes that around 539 B.C. the Persian King Cyrus en route on his Babylonian campaign had 360 ditches dug on the stream Gyndes, allegedly to take revenge on the watercourse for carrying off one of his horses. The Greek historian further reports that the Achaemenid ruler was simply

stellen abführende ca. 45 km lange Kanal wurde an einzelnen Stellen aus hartem Muschelkalk herausgehauen und ist an manchen Stellen rd. 14 m tief. Seltener wurden auch gemauerte Rinnsale erbaut.

Im dritten vorchristlichen Jahrtausend war das Sammelbecken (um das Regenwasser aufzufangen und zu speichern) in Mesopotamien schon bekannt, obwohl solche Zisternen bei der Wasserversorgung eine untergeordnete Bedeutung hatten. Die Zisterne befand sich schon damals im Hof des Hauses, wie dies später auch in Griechenland und Rom der Fall war.

Aus der Zeit des Sennacherib (704 – 681 v. Chr.) stammt ein freigelegter Brunnen in einem Tempel in Assur, der einen mit Kalksteinquadern gemauerten Schacht hat. Im Tempel selbst fand man einen Wasserbehälter, dessen Wände mit Ziegeln und Asphalt gedichtet waren und ein großes Becken für rituelle Waschungen, das dauernd frischen Zufluss hatte.

Im großen, von Sennacherib in Auftrag gegebenen, Felsenrelief von Bavian entdeckte man eine Inschrift:

„… Von achtzehn Distrikten oder Dörfern habe er achtzehn Kanäle nach dem Ussur oder Khusur geleitet, in welchem er deren Wasser sammelte. Auch grub er einen Kanal von den Grenzen der Stadt oder des Distriktes Kisri bis nach Ninive, leitete das Wasser durch denselben und nannte ihn den Kanal des Sennacherib …"

Nach diesem Text wurde die Wasserversorgung von Ninive zu dieser Zeit mit offenen Kanälen sichergestellt, in denen man das Wasser von weiten Orten herleitete. Es musste sogar ein Aquädukt errichtet werden, um mit einem dieser Kanäle einen Fluss zu überqueren. In der Stadt selber zweigten die Kanäle in die verschiedenen Straßen ab. Man kann annehmen, dass mehrere Orte gleichzeitig mit Wasser versorgt wurden, so dass es sich um eine Gruppenwasserversorgung handelte. Am Fluss Gundes ließ der Perserkönig Kyros um 539 v. Chr. – so berichtet uns Herodot – auf seinem Feldzug nach Babylon 360 Gräben ausheben. Angeblich, um Rache an diesem Fluss zu nehmen, der sein Pferd fortgeführt hatte. Man entnimmt weiter aus Herodots Bericht, dass der Achämeniden-Herrscher nur die bessere Jahreszeit abwartete, um nach Ninive vorzudringen. Es ist daher anzunehmen, dass diese Kanäle zur Versorgung seines fast ein Jahr lagernden Heeres gedient hatten.

„... Nebukadnezar II. (604 – 562 v. Chr.) befahl, in der Nähe seines Palastes aus Steinen Anhöhen zu errichten, ihnen die Gestalt von Bergen zu geben und sie mit allerlei Bäumen zu bepflanzen. Auf Wunsch seiner aus Medien stammenden Gemahlin legte er ferner einen jener Gärten an, wie sie in der Heimat seiner Frau üblich waren ..."

Mit diesen Worten beschreibt der jüdische Geschichtsschreiber Flavius Josephus (37 – 100 n. Chr.) das dritte der sieben Weltwunder der Antike: Die hängenden Gärten der Semiramis (Abb. 5). Als der deutsche Archäologe Robert Koldewey 1899 mit den Ausgrabungen von Babylon begann, fand er in der Nordoststrecke der Südburg einen Gewölbebau, der sofort als höchst sonderbar, ja als bisher einmalig registriert werden musste. Erstens fand man hier die einzigen Kellerräume in Babylon, und zweitens hatten sich solche Gewölbebogen im Zwei-

Abb. 5: Rekonstruktionsversuch der hängenden Gärten in Semiramis.

waiting for better weather to advance on Nineveh. It may therefore be supposed that these ditches served the purpose of supplying water for his army during its nearly year-long encampment.

"... King Nebuchadnezzar II (604-562 B.C.) commanded knolls to be built with stones near his palace, to give them the semblance of mountains and plant them with a great variety of trees. On a request by his Median wife, he moreover had a garden laid out of the type common in her homeland ..."

These are the words employed by the Jewish historian Flavius Josephus (37-100 A.D.) to describe the third of the Seven Wonders of the Ancient World: the Hanging Gardens of Babylon (Fig. 5). When the German archaeologist Robert Koldewey began to excavate Babylon in 1899, he found (along the north-eastern section of the Southern Citadel) a vaulted building he instantly classified as extremely special and in fact unique. First of all, it was the site of the only basement rooms discovered in Babylon; secondly, this type of vaulted arches had never before been unearthed in Mesopotamia. Another find was a well which was composed of three very unusually arranged shafts and turned out to be a draw-well. Paternoster-type pumping devices ensured continuous supply. In constructing the vault, cut stone was used in addition to bricks. The name "Hanging Gardens" is probably due to an error in translation, since the Latin word "pensilis" may mean both "hanging" and "overhanging", i.e. "balcony-style".

Sargon I (2350-2235 B.C.) was the first ruler who succeeded in uniting a vast expanse of land – from Elam to the Taurus mountain range – under his sceptre. The legend of his birth has come down to us in mythical form, a story also told of Cyrus, Romulus, Krishna, Moses and Perseus. He was born (or so he claimed) from a chaste virgin who set him in a basket of rushes sealed with bitumen and cast him into a stream. Akki, the water-drawer, is said to have appointed him as his gardener, and the goddess Ishtar raised him to be king. Thus bitumen was already used to seal water conduits and ducts two millennia B.C. The ancient canals and conduits served the double purpose of supply and irrigation.

Clay pipes of 30 cm length, a diameter of 11 cm and 2 cm wall thickness, dating from the 5th or 6th century B.C., were discovered in the region today occupied by Kurdistan. On one side, each pipe featured a projection of 5 cm length that precisely fitted into a corresponding rabbet of the next pipe. The joints between the pipes were sealed with clay. It is particularly remarkable that the pipes ascend in one spot to descend again farther on, which shows that the builders were aware that water pressure is strong enough to overcome declivities.

"… Come, Asushu-namir, I will curse thee with a mighty curse, let me order you a fate never to be forgotten: the food of the city's ploughs shall be thy food, the sewers of the city shall be thy drink …"

stromland noch nicht gezeigt. Außerdem fand man dort einen Brunnen, der aus drei ganz ungewöhnlich angeordneten Schächten bestand und sich als Schöpfbrunnen entpuppte. Mit paternosterähnlichen Schöpfwerken wurde eine kontinuierliche Bewässerung der Anlage bewerkstelligt. Auch wurden bei der Errichtung der Gewölbe nicht nur Ziegelsteine, sondern auch Haustein verwendet. Die Bezeichnung „hängende Gärten" dürfte wohl auf einem Übersetzungsfehler beruhen, denn das lateinische Wort „pensilis" hat zwar diese Bedeutung, kann aber auch „balkonartig" heißen.

Der erste Herrscher, dem es gelang, ein großes Gebiet unter seinem Zepter zu vereinigen – von Elambis bis zum Taurus – war Sargon I (2350 – 2235 v. Chr.). Seine Geburt ist als Mythos überliefert, den wir auch von Kyros und Romulus, von Krischna, Moses und Perseus kennen. Von einer reinen Jungfrau sollte (oder wollte) er geboren worden sein, die ihn in einem Gefäß, das sie mit Asphalt verdichtete, einem Strom übergab. Akki, der Wasserschöpfer, soll ihn zum Gärtner gemacht und die Göttin Ischtar ihn zum König erhoben haben. Zweitausend Jahre vor Christi kannte man also schon den Asphalt und verwendete ihn zum Abdichten von Wasserleitungen und Kanalrohren. Die Kanäle und Wasserleitungen des Altertums hatten einen doppelten Zweck; sowohl den der Versorgung, wie den der Bewässerung.

Im Gebiet des heutigen Kurdistan entdeckte man (aus dem 5. oder 6. Jahrhundert v. Chr.) Tonrohre von 30 cm Länge, 11 cm Durchmesser und 2 cm Wandstärke. Jedes der Rohre hatte auf der einen Seite eine 5 cm lange Nase, die in den entsprechenden Falz des nächsten Rohres passte. Die Berührungsstellen der Rohre wurden mit Ton abgedichtet. Bemerkenswert ist, dass an einer Stelle die Rohre in die Höhe führen, um dann wieder herabzusteigen. Man hat also gewusst, dass der Druck des Wassers imstande ist, Höhenunterschiede zu überwinden.

„… Geh Asuschu-namir, ich verfluche dich mit dem großen Fluch, und ich ausersehe dich für dieses unvertauschbare Schicksal; der Bodensatz der Stadtkanalisation wird deine Nahrung sein, und in der Abtrittgrube der Stadt wirst du deinen Durst löschen …" Die Königin der Hölle in der akkadischen Mythologie (Akkad; um 2350 – 2150 v. Chr.) stieß diesen Fluch aus gegen den, der versuchen wollte, die Göttin Ischtar aus der Unterwelt zu befreien. Diese wenigen Worte zeigen uns, dass bereits im dritten vorchristlichen Jahrtausend Abwasserkanäle und Senkgruben in den Städten Mesopotamiens bekannt waren. Wahrscheinlich hat es sich um Tonrohre, die unterirdisch verlegt waren, gehandelt, wie man sie auch im Palast von Mari (1800 v. Chr.) aufgefunden hat.

Layard fand in Babylon (1728 – 1050 v. Chr.) ein gut durchgebildetes Kanalisationssystem, das aus einem Hauptkanal und Seitenkanälen bestand. Die ersten dieser Kanäle dienten wohl zum Ableiten der Abwässer. Erst später dürften sie auch dazu verwendet worden sein, Unrat zu entfernen.

Die vom Hauptkanal abzweigenden Seitenkanäle führten bis unter die Häuser, um dort das Abwasser aufzunehmen. Besonders interessant ist, dass diese Kanäle in Babylon gewölbt waren. Diese Wölbungen entstanden nicht durch den allmählichen Vorbau der höheren Steinschichten (falsches Gewölbe), sondern durch Verwendung von zum Teil keilförmigen Steinen. Beim Bau des Kanals hat man wohl ein spitzbogiges Lehrgerüst verwendet.

Man trachtete, das Abwasser rasch zu beseitigen, was dadurch erhärtet wird, dass es dem Hauptkanal durch ein ziemlich starkes Gefälle zugeführt wurde. Etwa in einem Drittel der Hauptkanalhöhe leitete man die Seitenkanäle ein, die ein ziemliches Gefälle hatten und durch einen senkrechten Schacht mit dem Gebäude in Verbindung standen. Solch ein Schacht ist aus gebrannten Ziegelsteinen hergestellt und mit viereckigen Ziegelplatten ge-

This was the curse uttered by the queen of the Netherworld in Akkadian mythology (Akkad; circa 2350-2150 B.C.) against whoever tried to release the goddess Ishtar from her dark reign. These few words show that sewers were already well-known in Mesopotamian cities in the 3rd millennium B.C. They were probably clay pipes laid underground of the type found in the palace of Mari (1800 B.C.).

In Babylon (1728-1050 B.C.), Layard discovered a well-developed waste disposal system composed of one main sewer and several branch ducts. The first of these probably served solely for liquid waste discharge. It seems that solid waste disposal was a function added at a later date.

The lateral sewers branching off the main conduit passed below the dwellings to absorb the wastewater on-site. It is of particular interest that these Babylonian conduits were vaulted. The vaults were not created by gradually advancing the higher courses of stone (corbelled vault), but rather through the use of partly wedge-shaped stones. It seems likely that acute-angled falsework was used to build these sewers.

The intention seems to have been to eliminate wastewater as quickly as possible, which is corroborated by the fact that it was introduced to the main conduit at a steep gradient. The lateral sewers with their marked gradient were fed into the main conduit at about one third of its height and were in their turn connected to the buildings by means of vertical shafts. These shafts were built of baked bricks and covered with rectangular brick slabs. At the top, they were sealed off by a big plate with a hole serving as a drain drilled at its centre. Since the shaft diameter was wider than that of the hole, it seems justified to assume that this constituted a kind of pipe system.

Under the north-west palace of Nimroud (Fig. 6), Layard also found a vaulted drain. Square drainage ditches made of baked bricks extended into different directions of the complex below the paving of the unearthed ruins of an older palace of Ashurnasirpal. Round pipes connected these drains with the floor. Analogously to Babylon, they converged in a main conduit debouching into the Tigris River.

In Layard's own words:
"I have already alluded (Nineveh and its remains) to the existence of a drain beneath almost every chamber into the older palace of Nimroud" (the palace of Ashurnasirpal). "These were connected with the floor by a circular pipe of baked clay, leading from a hole, generally cut through one of the pavement slabs, in a corner of the room. They joined one large drain, running under the hall and from thence into the river, which originally flowed at the foot of the mound."

The Epic of Gilgamesh sheds some light on bathing: "… Day and night, dance and be merry … / Let your clothes be fresh / bathe yourself in water …" However, in those days, bathing was a privilege of the ruling class.

Abb. 6: Gewölbter Abzugskanal unter dem Palast von Nimrud.

deckt. Oben ist er durch eine große Platte abgeschlossen, welche in der Mitte eine Durchbohrung hat, die als Ausguss diente. Da der Schacht einen größeren Querschnitt als die Durchbohrung hat, erscheint uns die Vermutung gerechtfertigt, dass hier eine Art von Rohrleitung eingeführt war.

Layard fand auch unter dem Nordwestpalast von Nimrud (Abb. 6) einen gewölbten Abzugskanal. Unter dem Pflaster der aufgedeckten Ruine eines älteren Palastes des Asurnasirpal liefen viereckige, aus gebranntem Backstein errichtete Abzugsgräben nach verschiedenen Richtungen des Gebäudes. Runde Röhren verbinden die Kanäle mit dem Fußboden. Wie in Babylon vereinigten sie sich in einem Hauptkanal, der in den Tigris mündet.

Das Original lautet hierüber folgendermaßen: „I have already allued (Niniveh and its remains) to the existence of a drain beneath almost every chamber into older palace of Nimroud" (Asurnasirpal – Palast). „These were connected with the floor by a circular pipe of baked clay, leading from a hole, generally cut through one of the pavement slabs, in a corner of the room. They joined one large drain, running under the hall and from thence into the river, which originally flowed at the foot of the mound."

Aus dem Gilgamesch-Epos erhalten wir Hinweise über das Bad: „... Tag und Nacht tanze und belustige dich / deine Kleider sollen sauber sein / wasche deinen Kopf und bade ..." Das Bad war jedoch zu jener Epoche ein Privileg der Mächtigen.

Die Stadt Kisch (um 2000 v. Chr.) besaß ein großes gekacheltes Schwimmbecken von 14 m Länge und 11 m Breite, das über einen ständigen Frischwasserzulauf verfügte und einen Ablauf aus „zementierten" Kacheln besaß.

In Mari gab es zu jener Zeit schon ein Badezimmer, in dem der Fußboden sorgfältig gepflastert und mit Erdpech abgedichtet war. Die Abwasserleitung führte unterirdisch zu einer Kanalisation. Im Raum selbst befanden sich zwei Badewannen aus gebranntem Ton sowie einige irdene „Badevasen", die man zum Wasserschöpfen während des Badens benützt haben dürfte. Ferner fand man einen Kamin, der zugleich das Wasser wärmte und den Raum heizte. Auch ein Abort gehörte zur Ausstattung.

Zum Bauen verwendete man besonders im südlichen Mesopotamien (Sumer) getrocknete Lehmziegel. Die gewaltige Zikkurat in Ur, der unter Urnamu – dem Gründer der 3. Dynastie von Ur – gebaut wurde und dem Mondgott Nanna geweiht war, bestand ebenfalls aus Lehm. Man hat auch schon die Ableitung des Wassers verstanden. Um das Bersten des Lehmziegelkernes während der Regenzeit zu verhindern, wurden Löcher zum abfließen des Regenwassers in die Ziegelverkleidung gelassen.

Aus der Zeit Hammurabis (1728 – 1686 v. Chr.) stammen einige der ersten Drainierungsarbeiten des Altertums. Sie hatten den Zweck, die Grabkammern von Ur trocken zu halten. In die sumpfigen Böden wurden Tonrohre verlegt, welche oben mit kleinen Löchern versehen waren, durch die das Wasser in die Rohre fließen konnte. Man hatte sie so verlegt, dass ein kleines Gefälle vorhanden war, so dass das Wasser abfließen konnte. Die gesamte Wasser-

The city of Kish (circa 2000 B.C.) boasted a big, tiled swimming pool of 14 m length and 11 m width that was continuously supplied with fresh water and had a drain done in "cemented" tiles.

The palace at Mari was equipped with a bathroom whose floor was skilfully paved and rendered watertight with bitumen. The drains fed an underground sewer system. The room itself was provided with two terracotta bathtubs as well as several earthenware "bath vases", which perhaps served to scoop water during the bath. A chimney used for both water and room heating was found as well. The bath area also boasted a latrine.

Above all in southern Mesopotamia (Sumer), the preferred construction material was dried mud bricks. The Great Ziggurat of Ur built in the reign of Ur-Nammu, the founder of the 3rd dynasty of Ur, and dedicated to the moon god Nanna was likewise a mud structure. The principle of water draining was already known at the time. To prevent the mud brick cores from bursting during the wet season, holes were drilled into the brick cladding to let the rainwater escape.

Some of the drainage works of antiquity date back to the reign of Hammurabi (1728-1686 B.C.). They served the purpose of keeping the burial chambers of Ur dry. Clay pipes were installed in the marshy soil; on top, they featured small holes to admit water. The pipes were laid with a slight declivity to ensure water flow. The entire water volume was absorbed by a main pipe. This sophisticated installation ensured effective drainage. Several such drainage systems were found in Babylonia and Assyria, often linked to river training works. Powerful walls were built to protect the fields against the flooding of the Euphrates and Tigris. Drainage systems were devised on the basis of either clay pipes or open ditches to permit water runoff.

The water-wheels we read about on the stele of Hammurabi (the famous Code of Hammurabi), which in fact goes back to older Sumerian and Akkadian traditions, embody a rather intricate design for field irrigation. The first mention is made of a tread-wheel around 1200 B.C.: a man was ordered to offer compensation for a tread-wheel loaned to him. The 17-step tread-wheel was 6 m high and drove a water-pumping device.

Its river training, sewers, irrigation and drainage systems made Mesopotamia a breadbasket that ensured prosperity and indirectly led to an increasingly high level of civilisation of the region. 1000 years later, Herodotus' descriptions of Mesopotamian hydraulic engineering still bespeak sincere admiration. The destruction of these installations was likely the outcome of numerous acts of war.

menge wurde dann zuletzt von einem Hauptrohr aufgenommen. Diese Anlage war so vorzüglich, dass eine wirkliche Trockenlegung erfolgte. Derartige Entwässerungsanlagen wurden in Babylonien und Assyrien mehrfach aufgefunden. Häufig waren sie mit Flussregulierungen verbunden. Gewaltige Mauern wurden gebaut, um die Felder vor den Überschwemmungen von Euphrat und Tigris zu schützen. Es wurden Entwässerungsanlagen angelegt, wobei entweder Tonrohre verwendet oder offene Kanäle gegraben wurden, aus denen das Wasser ablaufen konnte.

Wenn wir in der Stele des Hammurabi (dem berühmten „Codex Hammurabi") – die auf ältere sumerische und akkadische Überlieferungen zurückgeht – von „Wasserrädern" lesen, so ist damit schon eine bereits recht komplizierte Anlage gemeint, die der Feldbewässerung diente. Eine Nachricht von einem Tretrad haben wir um 1200 v. Chr. Ein Mann wurde aufgefordert, Ersatz für ein an ihn ausgeliehenes Rad zu leisten. Das 17stufige Tretrad war 6 m hoch und hatte ein Wasserschöpfwerk betrieben.

Die Flussregulierungen, Kanalsysteme, Be- und Entwässerungen machten Mesopotamien zu einer Kornkammer, die zu Reichtum und damit indirekt zu einer immer höheren Zivilisation ihrer Bewohner führte. 1.000 Jahre später schreibt Herodot noch bewundernd über die Wasserbauten. Kriegerische Ereignisse mögen das meiste zur Zerstörung der Anlagen beigetragen haben.

Ägypten

Zwar ist das Niltal mit den anliegenden Gebieten seit dem Paläolithikum von Menschen bewohnt gewesen, aber die ältesten durch Detail und Hieroglyphen fassbaren Kulturen stammen erst aus der sogenannten Thinitenzeit (um 3000 – 2778 v. Chr.). Aus einer Inschrift der 1. Dynastie entnehmen wir, dass Horus Aha – der mit Menes, dem „Vereininger der beiden Länder", d. h. Ober- und Unterägypten, identisch ist – um etwa 3000 v. Chr. einen Kanal von der von ihm gegründeten Stadt mit dem Namen „Die weißen Mauern" (in der Nähe des späteren Memphis) zum Nil erbauen ließ.

Im „Alten Reich" (4. – 5. Dynastie) Ägyptens kannte man auch die Kunst des Brunnenbaues. Wahrscheinlich stammen die uralten, in der Nähe der Pyramiden aufgedeckten Brunnen aus der Zeit der Errichtung dieses von dem griechischen Dichter Antipatros genannten ersten Weltwunders, also um 2723 – 2563 v. Chr. Es ist nicht anders mit den Oasenbrunnen in der Nähe von Theben und Gharb, die große Tiefe erreichen, wenn auch Theophrast (um 372 – 287 v. Chr.) mit seiner Tiefenangabe von bis zu 600 Fuß sicher übertrieben hat.

Strabo, der griechische Geograph (63 v. – 20 n. Chr.), nennt auch in seinem 17bändigen Werk „Geographie" die im Altertum berühmten „Tiefen Brunnen" in Ägypten, ohne jedoch auf die technischen Einzelheiten einzugehen. Spätere Nachforschungen ergaben, dass die Wandung des Schachtes in den sandigen Schichten, also etwa 20 bis 30 m, mit Holz verkleidet war. Man trieb den verjüngten Schacht durch den Fels oft 150 bis 170 m tief vor.

Aus der Zeit des Mentuhotep (des letzten Herrschers der 11. Dynastie, v. 1998 – 1991 v. Chr.) liegen ausführliche Berichte über Expeditionen nach dem Wadi Hammâmât und dem Roten Meer vor, die auf eine größere Planmäßigkeit hinweisen. Der Vesier Amenemhet ließ bei seinem

Egypt

While the Nile Valley and its adjoining zones have yielded signs of human habitation since Palaeolithic times, the oldest civilisations documented in detail and through their hieroglyphs date only from the Thinite period (circa 3000-2778 B.C.). An inscription of the 1st dynasty tells us that Horus-Aha – who may be identified with Menes, the "Unifier of the Two Lands", i.e. Upper and Lower Egypt – had a canal built around 3000 B.C., extending from the fortified city founded by him and named "White Walls" (close to the site of later Memphis) to the Nile.

In Egypt's Old Kingdom (4th - 5th dynasty), the art of well construction was already widely known. The ancient wells unearthed near the pyramids probably date from the construction era of this first Wonder of the Ancient World (called thus by the Greek poet Antipater of Sidon), i.e. circa 2723-2563 B.C. The same goes for the oasis wells in the vicinity of Thebes and Gharb, which attain considerable depth, although we may assume that Theophrastus (circa 372-287 B.C.) exaggerated when he claimed a depth of up to 600 feet for them.

In his 17-volume work "Geographica", the Greek geographer Strabo (63 B.C.-20 A.D.) also mentions the "deep wells of Egypt" famed in antiquity without, however, specifying any technical details. Later research has shown that the shaft walls were provided with wood cladding all through the sandy layer, i.e. roughly 20 to 30 m. The tapering shaft was advanced through the rock, often to a depth of 150 to 170 m.

Extensive reports on expeditions to Wadi Hammamat and the Red Sea dating back to the reign of

Mentuhotep IV (the last rulers of the 11th dynasty, 1998-1991 B.C.) are available, indicating a substantial degree of planning. During his Red Sea campaign (with an army of 10,000), the vizier Amenemhet had a permanent well station built in the mountainous desert, probably in the style described above.

Dating from the era of Ramesses II (1290-1224 B.C.), the Turin Papyrus (Fig. 7) maps a mining area in a wadi, with a well station (named "Well of Seti", i.e. Pharaoh Seti I, 1303-1290 B.C.), the location of gold deposited in the hills and routes leading to the sea clearly depicted.

The ancient Egyptians were very skilled at well building, as Pliny the Elder (23-79 A.D.) remarks in his "Natural History"; it is even possible that they had mastered an albeit primitive style of well drilling.

A remarkable find from the Old Kingdom period is a sewer discovered in the mortuary temple of Pharaoh Sahure (circa 2550 B.C.) as part of the pyramid complex in Abusir. The pipes are 0.8 m long and done in bent and chased copper sheeting, with a wall thickness of 1.4 mm. The pipe was approx. 400 m long (with a clear width of 4.7 cm) and laid with plaster in U-shaped grooves hewn from the stone. The outlet was shut with a 4 cm long,

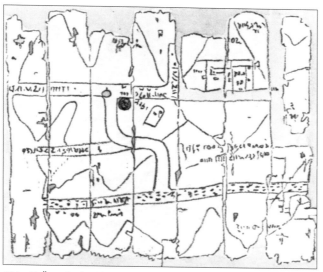

Abb. 7: Ägyptische Karte von einer Goldgrube mit eingezeichneter Brunnenstelle.

Feldzug zum Roten Meer (mit 10.000 Mann) eine feste Brunnenstation im Wüstengebirge anlegen. Wahrscheinlich handelt es sich um die schon genannte Brunnenform.

Aus der Epoche Ramses II. (1290 – 1224 v. Chr.) ist auf einem in Turin befindlichen Papyrus (Abb. 7) die kartographische Darstellung eines Bergwerksgebietes in einem Wadi erhalten, wo die Brunnenstation (namens „Brunnen des Sethos" = Sethos I. v. 1303 – 1290 v. Chr.), die goldhaltigen Berge und die Wege zum Meer eingezeichnet sind.

Die alten Ägypter waren sehr geschickte Brunnenbauer, wie Plinius der Ältere (23 – 79 n. Chr.) in seinen „Naturgeschichten" erwähnt, ja es ist sogar möglich, dass sie eine, wenn auch primitive, Art des Brunnenbohrens kannten.

Ein bemerkenswerter Fund aus der Zeit des Alten Reiches ist eine Abwasserleitung, die man im Totentempel des Königs Sahure (um 2550 v. Chr.) auf dem Pyramidenfeld bei Abusir entdeckt hat. Die Rohre sind 0,8 m lang und aus getriebenem Kupferblech zusammengebogen. Die Wandstärke beträgt 1,4 mm. Die etwa 400 m lange Rohrleitung (4,7 cm lichte Weite) war mit Gips in Rillen, welche U-förmig aus Steinen ausgehauen waren, verlegt. Der Ausguss wurde durch einen 4 cm langen kegelförmigen Bleiklotz verschlossen, in dem eine Kupferöse eingelassen war. Den Klotz hatte man mittels Bronzerings, der in die Öse passte, an einer Kette befestigt.

Das Grabdenkmal des Sahurè bestand aus fünf Teilen:

Torbau, Aufgang zum Denkmal, Totentempel mit den Nebengebäuden, Pyramiden und den Entwässerungsanlagen des Hofes sowie der Gebäude.

Da die Wassermassen nach einem Regenguss durch die gut zusammengefügten Pflastersteine nicht versickern konnten, mussten sie vom Hof abgeleitet werden. Zu diesem Zweck waren Rinnsteine in das Plattenpflaster eingegraben, welche außerhalb der Hofmauern endeten. Im Gebäude selbst dürfte bei den Opfermahlen und beim Reinigen der geheiligten Geräte Wasser verwendet worden sein und man brachte es sicher fort, um den Tempel nicht zu verunreinigen. Zur Aufnahme des schmutzigen Wassers dienten rechteckige Steinbecken. Jedes dieser Becken bestand aus einem Steintrog mit Metalleinsatz, in dessen Boden der erwähnte konisch geformte Klotz aus Blei an einer Kette befestigt war. Wurde dieses Ventil gezogen, so floss das Wasser durch die unterirdische Kanalrinne, in welcher die Kupferrohre eingebettet waren, ab.

Im Tempel des Ne-user-Re (5. Dynastie, 2573 – 2423 v. Chr.) des dritten Nachfolgers von Sahure und im Grab des Djedj-em-onch entdeckte man Sandsteinrillen bzw. beim letzteren eine ziemlich enge Tonrohrleitung, die kein System bildeten, sondern mit starkem Gefälle in den Boden führten und dort endeten. Hier ließ man also das Wasser noch im Gebäudekomplex versickern.

Äußerst wichtig war die Be- und Entwässerung im Lande Ägypten, das auch als „Geschenk des Nil" bezeichnet wurde. „Gruß Dir, o Nil, der Du aus der Erde hervorquillst und Ägypten die Nahrung schenkst!" So kann man in einer Hymne lesen, die etwa vor 5.000 Jahren entstand.

Die Überschwemmungen des Nil lagern einen blaugrauen Schlamm, eine fruchtbare Ackerdecke, ab; soweit dieser Schlick reicht, soweit ist fruchtbares Land, wo er aufhört, beginnt die Wüste. In den Jahren, da der Wasserspiegel nur gering stieg, waren Missernten und darauf folgende Hungersnöte zu verzeichnen. Man versuchte

conical lead plug with an embedded copper eyelet. The plug was secured to a chain by means of a bronze ring matching the eyelet.

Sahure's funerary monument was composed of five elements: the gate structure, the stairs leading to the monument, the mortuary temple with its annexes, the pyramids, and the drainage installations for the courtyard and buildings.

Since the smoothly laid flagstone pavement did not allow rainwater to seep away after a storm, the water had to be drained from the courtyard artificially. This was achieved by means of gutters that were carved into the flagstones and ended outside the courtyard walls. It is likely that water was used inside the building for ritual repasts and for cleaning the sacred utensils. If so, it had to be removed presently after use to avoid contaminating the temple. Rectangular stone basins absorbed the contaminated water. Each basin consisted of a stone trough with a metal insert, to whose bottom the abovementioned conical lead plug was attached by a chain. Pulling the plug caused the water to drain through the underground sewer with its embedded copper pipes.

The temple of Neuserre (5th dynasty, 2573-2423 B.C.), Sahure's third successor, and the tomb of Djedj-em-ankh yielded sandstone gullies (in the first case) and a rather narrow clay pipe (in the second); these did not form a system, but dropped steeply towards the ground, where they ended. This means that in these structures the water was left to seep into the earth inside the building complex.

Egypt, which is often referred to as the "Gift of the Nile", was obviously much dependent on irrigation and drainage. "Hail to thee, o Nile, who manifests thyself over this land, and comes to give life to

Egypt!", as it is put in a hymn composed approx. 5000 years ago.

The flooding of the Nile deposits a bluish-green mud, a fertile topsoil layer; where this silt covers the ground, the earth is fertile; where it ends, the desert takes hold. Years with only slightly raised water levels were affected by crop failures and subsequent famines. The Egyptians therefore tried at an early date to regulate the Nile and constructed canals and large basins for this purpose. The idea was to avoid excessive flooding and to irrigate all parts of the country.

To ensure accurate measurements of the Nile water level, the priests built special water gauges inside buildings. Since taxes were calculated on the basis of the water level, the levels were kept secret if there was a decrease in the inundations.

The Greek historian Herodotus (5th century B.C.) offers a rather unreliable description of the legendary Lake Moeris, claiming that this body of water was used for irrigation and drainage. The name is a Greek adaptation of the Egyptian "mer-wer", i.e. Great Lake. Herodotus describes this body of water with pronounced admiration.

The pharaohs of the 12th dynasty (1991-1786 B.C.) had the oasis basin of Faiyum irrigated by a channel of the Nile called Bahr Yussef, which leaves the Nile at Deirut in Upper Egypt and debouches into the basin of Faiyum at Illahun after cutting through the western hills. The topographic differences in altitude clearly highlight the unique nature of this oasis landscape. The water level of the lake is roughly 45 m below that of the sea. Although Faiyum as a whole had already been under the domination of the pharaohs during the Old Kingdom, large tracts of land only became habitable by regulating the wa-

daher schon früh, die Wasser des Nil zu regulieren und errichtete Kanäle und große Becken. Es wurde dafür gesorgt, dass die großen Überflutungen vermieden und alle Teile des Landes bewässert wurden.

Zu genauen Messungen der jeweiligen Höhe des Nilwasserspiegels hatten die Priester besondere Pegel, die in Gebäuden untergebracht waren, errichtet. Da die Steuer nach dem Wasserstand bestimmt wurde, hat man die Höhen des Wasserstandes geheim gehalten.

Herodot, der griechische Geschichtsschreiber (5. Jh. v. Chr.), gibt uns vom sagenhaften Moeris-See eine wenig zuverlässige Beschreibung. Demnach soll er ein großer Be- und Entwässerungs-See gewesen sein. Der Name geht zurück auf das ägyptische „mer-wer", d. h. „großer See". Herodot schildert mit großer Bewunderung die Anlage.

Die Könige der 12. Dynastie (1991 – 1786 v. Chr.) ließen die Oasenlandschaft Fayûm durch einen Nilarm, den „Bahr Jusuf", bewässern, der bei Deirut in Oberägypten vom Nil abzweigt und bei Illahun – die westliche Gebirgskette durchbrechend – sich in die Senke des Fayûm ergießt. Die landschaftlichen Höhenunterschiede machen die Eigenart dieser Oasenlandschaft deutlich. Der Wasserspiegel des Sees liegt etwa 45 m unter dem Meeresspiegel. Obwohl das Fayûm als Ganzes schon im Alten Reich ein Teil des Landes der Pharaonen war, bestand die Gewinnung großer Flächen zur Besiedlung in der Regulierung der Wasserzufuhr und der Kanalisation des Geländes.

Schon sehr alt ist der Gedanke, eine Verbindung zwischen dem Roten und dem Mittelmeer zu schaffen. Unter Sesostris 1. (1971 – 1928 v. Chr.) wurde ein Kanal gegraben, der diese Verbindung ermöglichte. Sethos I. Und Ramses II. (1290 – 1224 v. Chr.) begann um 1250 einen Kanal vom Nil zum Roten Meer zu erbauen.

Um mit der neuen Flotte freizügig operieren zu können, begann Necho (609 – 594 v. Chr.) – so berichtet uns Herodot – das Niltal mit dem Roten Meer durch einen Kanal zu verbinden. Dieser Kanal sollte nicht, wie der heutige Suezkanal, das Mittelmeer direkt mit dem Roten Meer verbinden, sondern folgte vom See Timsah dem Wadi Tumilät und sollte eine mittelbare Verbindung zwischen beiden Meeren herstellen. Necho selbst gab erst auf, als 120.000 Menschen in den Schilfsümpfen umgekommen waren und ein Orakelspruch ihm mitteilte, dass er zum Nutzen eines Barbaren arbeite. Tatsächlich ist der Kanal dann von Darius (521 – 481 v. Chr.) vollendet worden. Später versandete diese Verbindung und wurde vergessen.

Was das Trinkwasser betrifft, so waren die Ägypter durch die natürliche Beschaffenheit des Landes gezwungen, Brunnen anzulegen. Das beweisen die tiefen Brunnen der Pyramiden. Auch Reste von Wasserleitungen wurden gefunden. Eine solche wurde in Alexandria erbaut, jedoch nicht von den Ägyptern, sondern von den Griechen. Alexandria liegt über dem Wasserspiegel des Nil. Deshalb wurden die 360 im Stadtinneren befindlichen Zisternen während der Überschwemmungen des Nil gefüllt. Das geschah, indem man die Schleusen der Kanäle öffnete und so das Wasser zuströmen konnte. Diese Zisternen erreichten oft eine Höhe von vier Stockwerken.

Zu anderen Zeiten musste man das Wasser künstlich heben. Dazu wurde das Sakieh verwendet, das aus einem senkrechten Rad, über das Palmstricke liefen, auf denen Schöpfgefäße befestigt waren, bestand. Wird das Rad gedreht, so tauchen diese Schöpfgefäße auf der einen Seite ins Wasser, auf der anderen steigen sie gefüllt empor. Das Wasser entleert sich dann jenseits des höchsten Punktes in eine Rinne. Das Göpelwerk, welches das Drehen des Rades bewirkt, wurde durch Kamele oder Ochsen betrieben. Auch das Schaduff wurde in Ägypten, Babylonien und Assyrien zum Heben des Wassers verwendet. Neben den schon genannten Wasserhebeeinrichtungen haben die Ägypter auch jene Schraube zum Heben

ter supply and building canals through the basin. The idea of linking the Red Sea to the Mediterranean actually goes back far in time. During the reign of Senusret (or Sesostris) I (1971-1928 B.C.), a canal was dug to allow for this link. Seti I and Ramesses II (1290-1224 B.C.) began around 1250 to build a canal from the Nile to the Red Sea.

Herodotus recounts that Necho II (609-594 B.C.) initiated works on a canal to link the Nile Valley to the Red Sea so as to be able to deploy his new fleet freely. Unlike the modern Suez Canal, this canal was not to connect the Mediterranean directly with the Red Sea, but paralleled Wadi Tumilat from Lake Timsah, thus providing an indirect connection between the two seas. Necho only abandoned his endeavour after 120,000 workers had perished in the reed marshes and an oracle had told him that his work was actually benefiting a barbarian. The canal was only completed under Darius I (521-481 B.C.). Over time, this canal silted up and was forgotten.

With regard to drinking water, the natural conditions of Egypt forced its population to build wells, which is e.g. documented by the deep pyramid wells. Vestiges of water conduits were unearthed as well. Such a system was e.g. built in Alexandria – however, not by the Egyptians but by the Greeks. Alexandria is situated above the water level of the Nile. For this reason, the 360 cisterns inside the city walls were filled during the Nile inundations by opening the canal locks, thus allowing water to enter. These cisterns often extended downward to a level of four storeys.

At other times, water had to be artificially raised to a higher level. Thus was achieved with the help of a device called sakieh, which consisted of a vertical wheel with an endless loop of palm rope, to which

buckets were attached. Turning the wheel causes the buckets to descend into the water and to emerge filled on the other side. Beyond the apex of this device, the water is then discharged into a conduit. The gin turning the wheel was driven by camels or oxen. Another tool used in Egypt, Babylonia and Assyria to raise water was the shadouf. In addition to the water-raising devices already mentioned, the Egyptians also used the screwpump, whose invention is traditionally attributed to Archimedes (287-212 B.C.).
A bathroom, too, was found in a house in Tell el-Amarna. Its walls and floor are lined with limestone slabs; the front wall is provided with a water outlet.
In the field of hydraulics, the most remarkable invention of antiquity was the siphon. Siphons were used in everyday life, particularly by the Egyptians. A relief (Fig. 8) shows a sitting man drawing a liquid from a jar by means of a suction tube. Perhaps this representation depicts a siphon at work; this is indicated by the length of one leg, the bend in the tube and the vessel to be filled, which is held by a child.

Abb. 8: Gebrauch des Saugrohres in Ägypten (bemalter Grabstein).

von Wasser verwendet, deren Erfindung man Archimedes (287 – 212 v. Chr.) zuschreibt. Auch ein Baderaum in einem Haus von Tell el Amarna ist bekannt geworden. An den Wänden und am Fußboden ist dieser Baderaum mit Kalksteinplatten verkleidet und besitzt an der vorderen Mauer einen Wasserabfluss.
Auf dem Gebiet der Hydraulik ist vor allem der Heber, dessen man sich im Altertum bediente, bemerkenswert. Besonders die Ägypter verwendeten die Saugheber als Gerät des täglichen Lebens. Aus einem Relief (Abb. 8) ersieht man einen Sitzenden, der mit dem Saugrohr Flüssigkeit aus einem Krug ansaugt. Vielleicht handelt es sich bei dieser Darstellung auch um das Ansaugen eines Hebers; darauf lassen die Länge des einen Schenkels, die Biegungsstelle sowie das von einem Kind gehaltene Gefäß schließen, das gefüllt werden soll.

Palästina

„Abraham machte jedoch dem Abimelech Vorhaltungen des Wasserbrunnens wegen ... Abimelech fragte Abraham ... Er antwortete: «Sieben Lämmer musst du von meiner Hand zum Zeugnisse dafür nehmen, dass ich diesen Brunnen gegraben habe.» Darum nennt man diesen Ort «Beerseba» – (Eidbrunnen) ; dort haben nämlich beide einen Eid geleistet". (Genesis 21.)
Dann später: „... Deshalb schütteten die Philister alle Brunnen, die seines Vaters Knechte in den Tagen seines Vaters Abraham gegraben hatten, wieder zu und füllten sie mit Erde an ..." Isaak zog also von dort weg, schlug sein Lager im Tale Gerar auf und wohnte daselbst.
Er ließ die Wasserbrunnen wieder aufgraben, die man in den Lebenstagen seines Vaters Abraham gegraben hatte; die Philister hatten sie nach Abrahams Tod wieder zugeschüttet. Dieselben Namen gab er ihnen, mit denen sie einst sein Vater Abraham bezeichnet hatte.
Isaaks Knechte gruben in dem Tale dort und fanden einen Brunnen mit Quellwasser.
Da stritten die Hirten von Gerar mit den Hirten Isaaks «Uns gehört das Wasser!» Er nannte also den Namen des Brunnens «Streit», denn sie hatten sich mit ihm gestritten.
Sie gruben einen neuen Brunnen, und man geriet auch seinetwegen in Streit. Er nannte ihn «Fehde».
Dann zog er von dort weg und grub wieder einen Brunnen. Seinetwegen gerieten sie nicht in Streit. Er nannte seinen Namen «Weitraum» und sprach: «Jetzt hat uns der Herr einen weiten Raum geschaffen; wir können uns im Lande ausbreiten ...» (Genesis 26.)
Soweit gibt uns das Alte Testament Nachricht. Seit der Philisterzeit befinden sich in Palästina Schachtbrunnen mit senkrechten zum Teil ausgemauerten Wänden, so z. B. der „Hiobsbrunnen" in Jerusalem (dieser hat in 34 m und in 38 m Tiefe Sammelkammern, scheint also später vertieft

Palestine

"Then Abraham complained to Abimelech about a well of water that Abimelech's servants had seized ... Abimelech asked Abraham ... He replied, 'Accept these seven lambs from my hand as a witness that I dug this well.' So that place was called Beersheba (well of the oath), because the two men swore an oath there" (Genesis 21).
And further on: "... So all the wells that his father's servants had dug in the time of his father Abraham, the Philistines stopped up, filling them with earth ..." So Isaac moved away from there and encamped in the Valley of Gerar and settled there.
Isaac reopened the wells that had been dug in the time of his father Abraham, which the Philistines had stopped up after Abraham died, and he gave them the same names his father had given them.
Isaac's servants dug in the valley and discovered a well of fresh water there.
But the herdsmen of Gerar quarrelled with Isaac's herdsmen and said, 'The water is ours!' So he named the well Esek (dispute) because they disputed with him.
Then they dug another well, but they quarrelled over that one also; so he named it Sitnah (opposition).
He moved on from there and dug another well, and no one quarrelled over it. He named it Rehoboth (room), saying, "Now the Lord has given us room and we will flourish in the land' ..." (Genesis 26)
These passages are taken from the Old Testament. Palestine's shaft wells with vertical, sometimes brick-built walls go back to the time of the Philistines, e.g. "Job's Well" in Jerusalem (this well has collecting chambers at 34 m and 38 m depth; it

seems therefore that it was deepened at a somewhat later date); "Jacob's Well" at Sichar, a brick well sunk into the limestone of 23 m depth and a top diameter of 2.3 m; and the well of Beersheba, which is 12 m to 14 m deep.

Other Bible passages, too, bear witness to Palestine's inhabitants being familiar with the art of well building:

"This is why the well was called 'well of the Living One who sees me'; it is still there between Kadesh and Bared" (Genesis 14).

"The Moabites and 5,000 Assyrians moved their camp into the valley to control the source of the town's water ..." (Judith 7).

Already in those days, irrigation was well understood, as we can glean from the First Book of Moses: "And Lot lifted up his eyes, and beheld all the plain of Jordan, that it was well watered everywhere, before the Lord destroyed Sodom and Gomorrah, even as the garden of the Lord, like the land of Egypt, as thou comest unto Zoar ..." (Genesis 13). However, it is likely that these were simple canals similar to those built in Mesopotamia.

Moses led the children of Israel on a long and arduous journey from Egypt across the Sinai Desert into Canaan. When his people were suffering thirst, Moses struck a rock with his staff. In the words of the Bible:

"... The Lord answered Moses, 'Walk on ahead of the people. Take with you some of the elders of Israel and take in your hand the staff with which you struck the Nile, and go!

I will stand there before you by the rock at Horeb. Strike the rock, and water will come out of it for the people to drink.' So Moses did this in the sight of the elders of Israel" (Exodus 17).

worden zu sein), der „Jakobsbrunnen" bei Sichar, der ein im Kalkstein abgesenkter, gemauerter Brunnen von 23 m Tiefe (der Durchmesser beträgt oben 2,3 m) ist und der Brunnen von Boersaba, der eine Tiefe von 12 bis 14 m hat.

Auch andere Bibelstellen geben Zeugnis, dass die Einwohner von Palästina die Kunst des Brunnenbauens gekannt haben:

„Darum nennt man den Brunnen «Brunnen des Lebendigen, der mich sieht». Er liegt zwischen Kades und Bared". (Genesis 14.).

„Da brach das Lager der Ammoriter auf und mit ihnen 5.000 Assyrer. Sie bezogen im Tal ein Lager und besetzten die Brunnen und die Wasserquellen der Israeliten ..." (Judith 7.).

Schon damals verstand man die Bewässerung des Bodens, wie wir aus dem Buche Moses entnehmen: „Da erhob Lot seine Augen. Er sah, dass das ganze Jordangelände vollständig bewässert war (es war, bevor der Herr Sodom und Gomorrah zerstörte) wie der Garten des Herrn, wie das Land Ägypten, bis hin nach Zoar ..." (Genesis 13.). Allerdings dürfte es sich um ähnliche, einfache Kanäle gehandelt haben, wie sie in Mesopotamien erbaut wurden.

Moses führte die Kinder Israels auf einem sehr langen und mühevollen Weg von Ägypten durch die Wüste Sinai nach Canaan. Einmal hat das Volk nichts zu trinken, daraufhin schlägt er mit seinem Stab auf den Felsen. Die Bibel sagt uns darüber: „... Der Herr entgegnete Moses: «Geh dem Volk voraus und nimm mit dir einige von den Ältesten Israels! Nimm auch deinen Stab, mit dem du auf den Nil schlugst, in deine Hand und gehe hin!»

«Siehe, ich werde dort vor dir auf den Felsen am Horeb stehen! Wenn du auf den Felsen schlägst, so wird aus ihm Wasser hervorquellen, und das Volk kann trinken. » Also trat Moses vor den Augen der Ältesten Israels." (Exodus 17.).

"Ich schuf mir Wasserteiche, daraus zu tränken den Wald, von sprossenden Bäumen" (Prediger 2). So steht über Salomo (1018 – 976 v. Chr.) in der Bibel geschrieben. Während seiner Regierungszeit wurden südwestlich von Jerusalem Quellen gefasst, deren Wasser in drei große Teiche geleitet wurde. Sie gehören wohl zu den größten technischen Leistungen des Altertums und man hat damals sicher schon gewisse Kenntnisse über den Wasserdruck gehabt.

In einer Talsenke wurden drei übereinanderliegende große künstliche Teiche angelegt. Der oberste von ihnen zeigt eine nahezu quadratische Form, der mittlere hat die Gestalt eines Trapezes und der untere des einen Rechteckes in länglicher Form. Eine Quermauer teilt den letzteren in zwei Hälften (Abb. 9.). Es sind eigentlich flache Bassins, deren Tiefe aber immerhin 8 bis 19 m beträgt; ihre Länge schwankt zwischen 120 und 160 m. Am Anfang dürfte man die Spenden der Quellen in diesen Teichen gespeichert und bei Bedarf abgelassen haben. Später, als die Wassermenge nicht mehr ausreichte, führte man das Wasser aus einem anderen Quellgebiet zu.

Am oberen Teich steht ein Wasserkastell (oder Wasserschloss), d. h. ein zum Sammeln des Wassers errichteter Behälter. Es wird von einer Quelle gespeist und man

"I made ponds of water for myself from which to irrigate a forest of growing trees" (Ecclesiastes 2), as the Bible refers to King Solomon (1018-976 B.C.). During his reign, springs were captured south-west of Jerusalem; their water was fed into three large ponds or pools. They are among the greatest technological feats of antiquity; it seems likely that the engineers had some knowledge of water pressure and how to use it.

Three large, artificial pools were laid out one atop the other in the hollow of a valley. The topmost pool has an almost perfectly square shape; the second one is a trapezoid, and the third one takes the form of an oblong and is divided into two halves by a partition (Fig. 9). While these are basically flat basins, their depth is 8 m to 19 m, with a length between 120 m and 160 m. In the beginning, the spring yield was probably stored in these pools and discharged as required. Later, when the volume was no longer sufficient, water from another spring zone was fed into the pools.

On the bank of the highest pool, there is a "water castle", i.e. a building erected to serve as a reservoir. It is fed by a spring; it was thus either possible

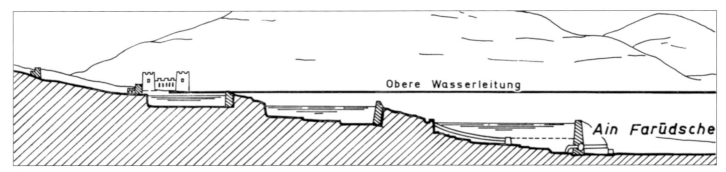

Abb. 9: Längsschnitt durch die Salomonischen Teiche.

to fill the pool or divert the water towards the aqueduct supplying the city. A building situated between pool and water castle served to train the watercourse. Here the water of a second spring was introduced via a subterranean conduit, from where it was likewise directed towards the city or the pool as required. From the lowest pond, the lower aqueduct continued to Jerusalem and Bethlehem. The pools were interlinked by underground conduits. Two pipelines were built to transport the water from the spring zone to the pools. One of these is of particular interest because parts of it take the shape of a tunnel. This gallery of up to 0.6 m width also crosses a ridge and disposes of nine airshafts leading up to the surface to de-aerate the water inside the pipeline. This is probably the oldest known de-aeration device.

Feeder pipes of Roman origin also introducing water into Solomon's Pools were unearthed as well. Over time, more and more spring zones were tapped to supply Jerusalem, which is clearly reflected in the vestiges of Roman structures. Of the three solidly constructed aqueducts leading from the pool to Jerusalem, the Lower Aqueduct was built under Herod the Great (73-4 B.C.). A remarkable feature is the High-Level Aqueduct, since it was partly constructed with stone pipes hewn from blocks featuring perforations of 4 cm to 5 cm. These pipe elements were joined by means of spigots accurately fitted into the corresponding grooves of the adjoining block. The joints were then filled in with clay. This aqueduct equally crosses a ridge; it is evident that the engineers knew how to cope with such obstacles. Vestiges of a water supply system likewise associated with the era of Solomon were found in Wadi Kelt near Jericho.

konnte entweder den Teich füllen oder das Wasser zur Wasserleitung der Stadt ablassen. Zwischen Teich und Wasserschloss steht ein Bauwerk, das zur Regulierung des Wasserlaufes diente. Das Wasser einer zweiten Quelle wurde hier durch einen unterirdischen Kanal eingeleitet, von wo es ebenfalls, je nach Bedarf, zur Stadt oder zum Teich fließen konnte. Vom untersten Bassin aus führte die „Untere Wasserleitung" nach Jerusalem und Bethlehem. Die Verbindung der Teiche wurde durch unterirdische Kanäle gewährleistet. Zwei Leitungen wurden angelegt, um das Wasser vom Quellgebiet zu den Teichen zu führen. Eine von diesen ist besonders interessant, weil sie teilweise als Tunnel ausgebildet ist. Dieser bis 0,6 m breite Stollen durchquert auch einen Bergrücken und ist zwecks Entlüftung des in der Leitung strömenden Wassers mit neun an die Oberfläche des Hügels führenden Luftschächten versehen. Diese Entlüftungseinrichtung dürfte wohl die älteste sein, die wir kennen.

Zuleitungen römischen Ursprungs wurden ebenfalls aufgedeckt. Auch sie führten das Wasser den alten salomonischen Teichen zu. Zur Versorgung Jerusalems wurden mit der Zeit immer weitere Quellgebiete erschlossen. Das beweisen die zahlreichen Spuren römischer Arbeiten. Von den drei massiv gebauten Wasserleitungen, welche vom Teich nach Jerusalem führten, wurde die sogenannte „Untere" unter Herodes dem Großen (73 – 4 v. Chr.) angelegt. Bemerkenswert ist die sogenannte „hohe" Wasserleitung, weil sie teilweise aus Steinrohren hergestellt ist, die aus Steinblöcken angefertigt und mit einer Durchbohrung von 4 – 5 cm versehen sind. Aneinandergefügt wurden die Rohre durch Zapfen, welche in die entsprechenden Rillen des nächsten Blockes passten. Die Berührungsstellen wurden sodann mit Ton verschmiert. Diese Leitung führt auch über einen Bergrücken; man verstand also schon, derartige Hindernisse zu bewältigen.

Im Wadi Kelt bei Jericho sind Reste von Wasserversorgungsanlagen gefunden worden, die man ebenfalls der Epoche Salomos zuschreibt.

„… Und dies war der Hergang der Durchbohrung: Als noch die Steinhauer schwangen die Axt, einer entgegen dem anderen und als noch drei Ellen zu durchschlagen waren, da hörte man die Stimme des Mannes, der seinen Genossen rief, denn es war ein Spalt im Felsen von rechts und von links. Und am Tage des Durchbruchs schlugen die Steinhauer einer dem anderen entgegen; Axt auf Axt, und es lief Wasser vom Quell zum Teich, 1.200 Ellen und hundert Ellen war die Höhe des Felsen über dem Haupte des Steinhauers."

Badende Kinder entdeckten im Jahre 1888 bei Jerusalem diese in den Fels gemeißelte Inschrift. Althebräisch wird hier der Bau des von König Hiskia (727 – 669 v. Chr.) gebauten Tunnels, der noch heute das Wasser der Siloahquelle aufnimmt, beschrieben. Es gelang leider nicht, alle Teile zu entziffern, außer dem zitierten Teil lassen sich nur einzelne Wörter erkennen; daraus scheint hervorzugehen, dass man beim Stollenvortrieb auch Meißel benutzte. Auch in der Bibel wird dieser Tunnelbau erwähnt. „… Hiskia war es auch, der den oberen Abfluss des Gichonwassers verstopfte und es nach Westen in die Stadt Davids hinab leitete. Hiskia hatte Erfolg bei all seinem Tun …" (2. Chronik 32.)

Auch das Buch der Könige nennt den Tunnel: „… Die übrigen Taten des Hiskia und alle seine kriegerischen Leistungen, wie er den Teich und die Wasserleitung angelegt und das Wasser in die Stadt geleitet hat …" (2. Könige 20.)

Der Tunnel ist etwa 533 m lang und hat ungefähr die Form eines S. Der Stollen ist 60 bis 80 cm breit und seine Höhe beträgt am nördlichen Ausgang 1,80 m, gegen die Mitte zu nimmt sie bis auf 46 cm ab; auf der anderen Seite steigt sie wieder bis auf 3 m an. Das Gefälle ist sehr gering und beträgt nur 30 cm. Es war zweifellos eine Meisterleistung

"… And this was the way in which it was cut through: while the quarrymen were still swinging the axes, each man toward his fellow, and while there were still three cubits to be cut through, there was heard the voice of a man calling to his fellows, for there was an overlap in the rock on the right and on the left. And when the tunnel was driven through, the quarrymen hewed the rock, each man toward his fellow, axe against axe; and the water flowed from the spring toward the reservoir for 1200 cubits, and the height of the rock above the heads of the quarrymen was 100 cubits."

In 1888, bathing children discovered this inscription in Old Hebrew. Carved into the rock near Jerusalem, it describes the construction of the tunnel of King Hezekiah (727-669 B.C.), which to this day harnesses the water of the Gihon spring. Unfortunately, not the entire inscription could be deciphered; with the exception of the section quoted above, only isolated words can be made out. They seem to indicate that chisels were used to drive the tunnel.

The Bible also makes mention of this tunnel: "… This same Hezekiah also stopped the upper watercourse of Gihon, and brought it straight down to the west side of the city of David. And Hezekiah prospered in all his works …" (2 Chronicles 32).

The Book of Kings likewise speaks of the tunnel: "… For the other events of Hezekiah's reign, all his achievements and how he made the pool and the tunnel by which he brought water into the city …" (2 Kings 20).

The tunnel is approx. 533 m long and roughly S-shaped. The width of the gallery it 60 cm to 80 cm, with a height of 1.80 m at the northern exit point; towards midpoint, it decreases to 46 cm and rises

again to 3 m on the other side. The gradient is minimal and amounts to only 30 cm. Constructing a tunnel of this length from both sides, especially a curving one, was definitely a masterstroke of engineering in the ancient world. The odd course of the tunnel and several finds made it possible to identify the spot where the quarrymen working from both sides must have met. This rendezvous point shows that several directional errors were made during construction but always corrected by speedily abandoning the erroneous path and thus successfully engineering the meeting of the two teams. Perhaps sound was used for course correction and guidance (Fig.10).
"… You shall have a place also without the camp, whither you shall go forth abroad. And you shall have a stick with your weapons; and when you sit down outside, you shall dig a hole with it, and turn back and cover up your excrement …" (Deuteronomy 23).
These rules derive from the idea that the soil will neutralise putrid substances and encompass the basic principle of keeping drinking water and air inside a camp clean, thus providing a kind of elementary hygienic canon for nomads.
Jerusalem's sewer system was constructed over several epochs extending from Biblical times to Roman rule. For structural reasons, part of it had to be cut inside the rock. The oldest conduits were already in place before the reign of David, i.e. approx. 655 B.C. The relevant Bible passage runs as fol-

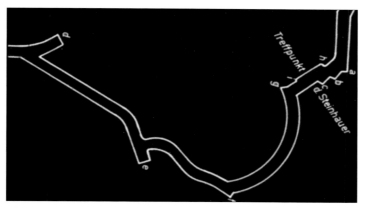

Abb. 10: Verlauf des Stollens der Siloah-Wasserleitung des Königs Hiskia.

der damaligen Technik, einen derartig langen Stollen, noch dazu in gekrümmter Form von zwei Seiten her in Angriff zu nehmen. Aus dem eigenartigen Verlauf des Tunnels und diverser Spuren konnte man die Stelle genau feststellen, an der die von beiden Seiten grabenden Arbeiter aufeinander getroffen sein müssen. Man erkennt am Treffpunkt, dass man verschiedentlich von der Richtung abwich, stets aber durch baldiges Auflassen falscher Strecken den Fehler wieder gut machte und so zusammentraf. Wahrscheinlich wurde der Schall zur Korrektur bzw. zur Führung verwendet (Abb.10).
„… Auch sollst du außerhalb des Lagers einen abseits gelegenen Ort haben, zu dem du hinausgehst. Ferner musst du unter deinen Geräten einen Pfloch haben. Wenn du also hinausgehst und austreten musst, dann grabe ein Loch und decke deinen Unrat wieder zu …" (Deuteronomium 23.)
Diese Vorschriften beruhen auf der Idee der Unschädlichmachung der putriden Stoffe durch den Boden und enthalten die Grundbedingungen der Reinhaltung des Trinkwassers und der Luft innerhalb des Lagers. Sie stellen gleichsam die erste Stufe der Hygiene für Nomaden dar.
Die Kanalisation Jerusalems wurde in verschiedenen Epochen, von der altjüdischen Zeit bis zur Römerherrschaft, errichtet. Aus bautechnischen Gründen wurde sie teilweise in Fels angelegt. Die ältesten dieser Kanäle waren jedenfalls schon vor David, also vor etwa 655 v. Chr., vorhanden. Einige Bibelzeilen geben uns Bescheid darüber: „… David hatte damals gesagt: „Jeder, der die Jebusiter totschlägt, den Wassertunnel erreicht und die Blinden und Lahmen wegschafft, die David hasst, soll Hauptmann werden."

Nachdem die Jebusiter nämlich die freiwillige Unterwerfung und Übergabe der Stadt verweigert hatten, verfiel David auf die List, die Ausmündungsstellen der Kanäle zum heimlichen Eindringen in das Innere der Stadt zu benützen.

Schick hat eingehende Forschungen durchgeführt und er äußert sich folgendermaßen: „Zwischen den Höhlen, Felsen und Steinhäusern befanden sich als Gassen breite Kanäle oder Rinnen, die aus dem Felsen gebrochen und dort, wo Felsen fehlten, durch Mauerwerk vervollständigt waren. Diese Kanäle leiteten alles Regen- und Schmutzwasser nach den Rändern des Felsens. Im Allgemeinen waren diese Gassen schmal und krumm, doch war die Hauptgasse, welche von Norden vom Millo herab kam, verhältnismäßig geräumiger und auch wohl gerader als die von ihr nach links und rechts abzweigenden kurzen Seitengassen. Die Ausgussöffnungen dieser Kanäle am Rande des Felsens lagen naturgemäß niedriger als die Gassen und Häuser. Durch diese Wasserrinnen, d. h. die Ausgussöffnungen der Gassenkanäle und Kloaken, drang Joab in Jerusalem ein und kam David ohne Blutvergießen in den Besitz der Stadt".

Als dann die Stadt der Mittelpunkt des Reiches wurde, dürfte David das alte Kanalisationssystem bedeutend erweitert haben. In Jerusalem hatte man eine getrennte Kanalisation, d. h. man führte das verbrauchte Wasser und den Unrat getrennt ab. Da ein Geruchsverschluss, ähnlich unserem „Knie", nicht bekannt war (auch nicht der Bleiklotz der Ägypter), trennte man die Kanalisation.

Die Sinkstoffe, die im Abfluss-Wasser vorhanden waren, wurden „verwertet". Der Kanal mündete in große Teiche, in denen die Schwebstoffe absaßen und als Dünger verwendet wurden; das Wasser der Teiche wurde dann zur Bewässerung herangezogen.

lows: "… David said: Whoever smites the Jebusites, gets up to the gutter and takes away the blind and the lame, who are hated by David, shall be chief and captain."

After the Jebusites had refused voluntary capitulation and surrender of the city, David hit upon the ruse of using the outlet points of the sewers to enter the city surreptitiously.

Following extensive research, Schick states as follows: "Between the caves, rocks and stone houses, there were lanes formed of wide ducts or gullies hewn from the rock or, in the absence of rock, completed by brickwork. These ducts diverted all rainwater and wastewater towards the edge of the rock. Most of the lanes were narrow and curving, but the main one, which descended from the north from the Millo, was proportionately more spacious and probably also straighter than the short side lanes branching off left and right. The outlets of these ducts at the rock edge were naturally lower than the lanes and houses. These gullies, i.e. the outlets of the lane sewers and cesspools, enabled Joab to enter Jerusalem and made it possible for David to take the city without bloodshed."

When the city became the capital of his kingdom, David probably extended the old sewer system significantly. Jerusalem operated separate sewers for wastewater and solid waste, due to the fact that anything like a modern stench trap (or even the ancient Egyptians' lead plug) was unknown.

The solids present in wastewater were "recycled": the sewer debouched into large ponds, where the suspended matter was deposited and served as fertiliser; the pond water was then used for irrigation.

The Hittite Kingdom

In earlier centuries, it was the Bible that provided some knowledge of long lost empires. Thus several passages speak of a people from Asia Minor that repeatedly waged war against Palestine. Excavations in the Fertile Crescent yielded cuneiform tablets disclosing information about the Hittites. In the late 19th and early 20th centuries, two German archaeologists – Hugo Winkler and Otto Puchstein – initiated digs on the barren Anatolian plateau near Ankara and soon hit upon a treasure trove of the highest order: the capital of the Hittite kingdom, Hattusa. Situated only about 200 km from Ankara in what today is north-eastern Turkey, it was founded by King Hattusili I, who called himself "Man of Kussara".

The Hittite reign, whose beginning is dated at circa 1620 B.C., lasted only around 400 years. In the 16th century B.C., the Hittites conquered Aleppo, pillaged Mesopotamia and even occupied Babylon. Around 1200 B.C., their capital Hattusa was burned down by Phrygians migrating from Thrace.

Hittite texts from the 13th century B.C. mention a nation called Ahhiyawa, who seem to equate with Homer's Achaioi (Achaeans). The city of Taruisa noted in cuneiform writings was likewise identified as Troy. A link between the Hittite lands and the eastern part of Europe may be the "lost kingdom of Arzawa" discovered in recent decades by J. Garstang. In this context, H. T. Bossert remarks that "Ancient Ionian culture presupposes the existence of Anatolian culture …"

However, further excavations have unearthed vestiges of pre-Hittite settlements reaching back to the 3rd millennium B.C.

Das Reich der Hethiter

In früheren Jahrhunderten war es das Wort der Bibel, das manches von längst untergegangenen Reichen überlieferte. So liest man auch über ein Volk aus Kleinasien, das häufig Kriegszüge nach Palästina unternommen hat. Ausgrabungen in den Städten des „Fruchtbaren Halbmondes" förderten Keilschrifttafeln zutage, die verschiedene „Nachrichten" über die Hethiter enthalten. Die beiden deutschen Archäologen Hugo Winkler und Otto Puchstein fingen um die Jahrhundertwende auf der eintönigen Hochebene Anatoliens unweit von Ankara mit den Ausgrabungen an und entdeckten eine Fundgrube par exellence: die Hauptstadt des Reiches der Hethiter, Hattusch. Sie liegt nur ca. 200 km von Ankara im Nordosten der heutigen Türkei und wurde von König Hattuschili I., der sich als „Mann aus Kuschach" bezeichnete, gegründet.

Nur etwa 400 Jahre bestand das Großreich der Hethiter, dessen Gründung um 1620 v. Chr. festgesetzt wird. Im 16. Jahrhundert vor Chr. eroberten die Hethiter Aleppo, plünderten Mesopotamien und besetzten sogar Babylon. Um 1200 v. Chr. wurde die Hauptstadt Hattusch von den aus Thrazien kommenden Phrygiern niedergebrannt.

Hethitische Texte aus dem 13. vorchristlichen Jahrhundert erwähnen ein Reich Achiyawa, welches mit Homers Land Achaioi (Achäer) identisch ist. Auch die oft in den Keilschriften erwähnte Stadt Taruisa wird mit Troja identifiziert. Ein Bindeglied zwischen dem Land der Hethiter und dem östlichen Europa ist das „verlorene Königreich Arzawa", das von J. Garstang vor kurzem aufgespürt wurde. H. T. Bossert bemerkte in diesem Zusammenhang: „Die altionische Kultur setzt die anatolische voraus …"

Weitere Grabungen zeigen allerdings Spuren vorhethitischer Besiedlung, die bis in das 3. vorchristliche Jahrtausend zurückreicht.

Wie im Zweistromland gab es auch hier Wasserversorgungsanlagen, Frischwasserleitungen, Zisternen und Brunnen. Hauptsächlich wurden die Spenden der Quellen gefasst und zu Tempeln geleitet. Häufig waren diese Wasserleitungen mehrere hundert Meter lang und bestanden aus Tonrohren. R. Neumann beschreibt diese 0,60 bis 0,96 m langen Tonrohre, die entweder konisch oder mit starken Ausweitungen an einem Ende versehen waren. Die konischen Rohre hatten an einem Ende 20 – 22 cm Durchmesser und verjüngten sich auf 11 – 15 cm. Sie wurden stets nur lose ineinander geschoben. Richtungsänderungen wurden durch eine leichte Verschiebung der Rohre erzielt. Die Leitung war also eine einfache Gefälleleitung und war in Lehm eingebettet oder lag auf Steinplatten, welche unter der Straßenpflasterung verlegt waren.

Man hat auch die Druckwasserleitung gekannt, wie die Funde in Nordsyrien zeigen. Man kann sie ins 9. oder 8. Jahrhundert v. Chr. datieren. Die Rohre sind 30 cm lang und haben 11 cm lichte Weite. Sie waren ineinander gefalzt und mit Ton abgedichtet. Der Leitungsverlauf war durch eingesetzte Scheiben unterbrochen; vor und hinter einer Scheibe war je ein Rohr mit düsenartiger Verengung senkrecht eingebaut. Auf diese Weise leitete man das Wasser in der Höhe, das wahrscheinlich zum Speisen eines Laufbrunnens diente. Neumann meint, dass diese Anlage auch eine Art von Druckverminderer gewesen sein könnte.

Konnte man das Wasser zu einer Festung nicht hinauf leiten, wurden Zisternen errichtet; so in Hattusch, dem heutigen Boghazköy, wo sie mit Fassprofilen im Fels eingearbeitet waren. Diese Zisternen hatten einen Durchmesser von 1 Meter und dürften mit Kragkuppeln überdeckt gewesen sein.

Auf hethitischem Gebiet wurden bisher keine Brunnen aufgedeckt, aber in Nordsyrien legte man eine größere

As in Mesopotamia, this kingdom also disposed of water supply systems, freshwater pipes, cisterns and wells. Mostly, springs were tapped and their water transported to the temples. These aqueducts were often hundreds of metres long and made of clay pipes. R. Neumann describes 0.60 m to 0.96 m clay pipes that were either conical or flared markedly at one end. The conical pipes presented a diameter of 20 cm to 22 cm at one end, tapering to a narrow 11 cm to 15 cm and were only loosely pushed together. Changes in direction were achieved by slightly shifting the pipes. Thus the aqueducts were simple gravity pipes embedded in mud or placed atop stone slabs laid below the road pavement.

Pressure water conduits, too, were already known, as finds from northern Syria dating from the 9th or 8th century B.C. attest. The pipes are 30 cm long with 11 cm of clear width. They were connected by rabbet joints and caulked with clay. The course of the conduits was interrupted by separators inserted at certain intervals; on both sides of these, one pipe each with a jet-type stricture was installed vertically. These pipes served to conduct the water upward, where it probably fed a flowing well. Neumann contends that this installation might also have been a kind of pressure relief device.

If water transport to a higher-lying fortress was impossible, cisterns were built, e.g. in Hattusa, modern-day Boghazköy, where they were integrated into the rock by means of profiles. These cisterns presented a diameter of 1 m and were probably covered by corbelled domes.

So far, no wells have been unearthed on land formerly under Hittite dominion, but a substantial number of shaft wells with brick walls were discovered in northern Syria. If the springs were situated below the fortress, the well shaft often had to be sunk to aquifer level. In Syria, a well shaft of 2 m diameter and more than 6 m depth was sunk into the rock of a fortress; the walls were done in hewn stone.

Moreover, retaining basins were constructed to store water: one of the most important installations of this type dammed an abundant, almost river-like spring gushing from a slope, thereby creating a pond of approx. 30 m by 35 m. The retaining wall leans against a smaller rock outcropping. At the southern end of the wall, there was an overflow stone marked with three deep notches, to which the ducts and conduits were connected. Another retaining basin consisted of a U-shaped earth dam blocking the valley of a creek which only carried rainwater in the spring season.

Sewage disposal, too, was coped with. Soakaway pits with a diameter of 2 m were built of very loosely radially layered piles of stones. Effluents were channelled in clay pipes. In later periods, soakaway pits were built with bricks, in the style of wells. Their diameter tapered in the upward direction, and their tops were covered with large slabs. The clay pipes were 35 cm to 40 cm long with a clear width of 10 cm to 14 cm. They took the shape of high bottomless vessels, which later were adapted to resemble bottles.

Sewage was transported from the settlements to the surrounding open land through the castle walls or city gates. Usually, a city gate was situated at the lowest point of the topography, where the water collected in any case. To maintain unhampered circulation, the water had to be conducted away from the site. Locally available materials obviously influenced the shape of the conduits. In Boghazköy, rainwater accumulated in a drop shaft of 2 m depth

Anzahl von gemauerten Schachtbrunnen frei. Wo die Quellen tiefer als die Festung lagen, musste man häufig den Schacht des Brunnens in die wasserführende Schicht niederbringen. In Syrien wurde für eine Festung ein über 6 m tiefer runder Brunnenschacht von 2 m Durchmesser im Fels niedergebracht und die Wandung mit Bruchsteinen aufgemauert.

Zur Speicherung des Wassers hat man sogar Staubecken angelegt. Bei einer der bedeutendsten Anlagen wurde eine fast flussartige starke Quelle, die auf breiter Fläche aus dem Hang tritt, durch einen Damm zu einem Teich von etwa 30 mal 35 m Größe aufgestaut. Die Staumauer lehnt sich an einen kleineren Felsausbruch. Am südlichen Ende befand sich ein Überlaufstein, welcher drei tiefe Einkerbungen hat, an die Kanäle oder Leitungen angeschlossen waren. Ein weiteres Staubecken bestand aus einem U-förmig angelegten Erddamm, der das Tal eines Baches, welcher nur im Frühjahr Regenwasser führte, absperrte.

Auch die Ableitung des Schmutzwassers wurde gelöst. Man legte Sickerschächte an, die aus einem sehr locker radial geschichteten Steinhaufen bestanden; der Durchmesser betrug 2 m. Das Abwasser wurde durch Tonrohre abgeleitet. In späteren Zeiten wurden die Sickerschächte wie Brunnen aufgemauert. Oben hatten sie einen kleiner werdenden Durchmesser und wurden mit großen Platten bedeckt. Die Tonrohre waren 35 bis 40 cm lang und hatten 10 – 14 cm lichte Weite. Sie hatten die Form eines hohen Gefäßes ohne Boden und nahmen später flaschenartige Form an.

Die Abwässer wurden aus den Siedlungen in das Vorland geleitet. Sie wurden durch die Mauer der Burg oder durch die Stadttore geführt. Meistens lag das Tor ohnedies an der tiefsten Stelle und das Wasser sammelte sich dort. Um die Störung des Verkehrs zu vermeiden, musste für die Ableitung des Wassers gesorgt werden. Das jeweils vorhandene Material beeinflusste natürlich die Form der Kanäle. In Boghazköy sammelte sich das Regenwasser in einem 2 Meter tiefen Senkschacht an einer Ecke des Palastes. Der Schacht war oval aufgeführt und hatte eine Verbindung mit dem Ableitungskanal, welcher unter der Festungsmauer hindurchführte. Man fand auch Rinnen von verschiedener Form, die mit Asphalt abgedichtet waren.

Auch eine Badestube wurde gefunden. In Hattusch grub man ein Badezimmer aus, das mit einem mehr schichtigen wasserdichten Estrich ausgestattet war. Der Boden war in eine Richtung geneigt, so dass das Wasser abfließen konnte.

In Nordsyrien gehörte zu fast jedem größeren Haus ein Bad. Der Boden des Raumes war wasserdicht und meist mit Steinplatten ausgelegt, welche den Standplatz für die bronzenen Badewannen bildeten. Auch Ablaufsteine, Becken, Wassergefäße, Bänke und Aborte waren im Baderaum vorhanden. In einem Palast fand man nicht weniger als fünf Baderäume, wovon der größte 6,90 m lang und 5,50 m breit war. Einer der Wannensteine misst 168 cm mal 102 cm. Es dürften auch Waschtische und Fußwaschbecken vorhanden gewesen sein.

located at one corner of the palace. The shaft was oval and connected to the drain passing below the wall of the fortress. Other finds included variously shaped gullies caulked with bitumen.

The finds in Hattusa also included a bathroom provided with a multilayer, watertight floor screed. The floor inclined slightly in one direction to enable the water to run off.

In northern Syria, almost every sizable house boasted a bathroom. Its floor was watertight and usually covered with flagstones, on which bronze bathtubs were mounted. Overflow stones, basins, water jugs, benches and latrines were likewise available in these rooms. Not fewer than five bathrooms were found in one palace, the biggest being 6.90 m long and 5.50 m wide. The dimensions of one of the stones used for the tubs are 168 cm by 102 cm. Washstands and footbaths may have been in place as well.

Ancient Greece

Before the construction of centralised networks, the usual method of water supply was (and remains) an individual well for every farmstead and home, as in fact still is the case in many parts of the world. Yet often no water was found on or around a property. In 594 B.C., a law promulgated in Athens by Solon provided that those who had not found water despite digging for it were entitled to use public wells. These were simple dug wells, tapped springs or even cisterns, often with well-houses erected above them to prevent dirt, dust, etc. from fouling the water (Fig. 11). The Greek writer Arrian (2nd century A.D.) and other historians report how the weary troops of Alexander the Great during his Indian campaign dug numerous wells to supply the ships of admiral Nearchus with drinking water.

The oldest known water conduit of Greece was discovered in Agamemnon's Mycenae. The water of a spring was transported underground to the well of the fortress of Mycenae (1550-1150 B.C.). From the fortress, the well was reached via an equally underground passage. The design of the structure shows that its builders did not yet know how to use water pressure to conduct the spring water up into the fortress.

The water conduit built by Polycrates (535-522 B.C.), the tyrant of

Das Griechenland der Antike

Vor dem Errichten zentraler Wasserversorgungsanlagen war und ist wohl die Einzelversorgung allgemein üblich. Darunter versteht man, dass jeder Hof, jedes Anwesen, wie dies auch jetzt noch in vielen Gegenden der Fall ist, eigene Brunnen besitzt. Häufig genug fand man kein Wasser. Im Jahre 594 v. Chr. wurde durch ein Gesetz von Solon in Athen für alle jene, die trotz Grabens kein Wasser gefunden hatten, die Benützung der öffentlichen Brunnen gestattet. Diese waren entweder einfache gegrabene Brunnen oder gefasste Quellen oder auch Zisternen, häufig mit darüber errichteten Brunnenhäusern, um das Hineinfallen von Schmutz und Staub etc. zu verhindern. (Abb. 11.)

Arrian (griech. Schriftsteller, 2. Jh. n. Chr.) und andere Historiker berichten uns, wie die ermatteten Soldaten Alexanders des Großen während des Indienfeldzuges einen Brunnen nach dem anderen gruben, damit die Schiffe des Nearchos mit Trinkwasser versorgt werden konnten.

In Agamemnons Mykene hat man die älteste bekannte Wasserleitung Griechenlands entdeckt. Das Wasser einer Quelle wurde durch die unterirdisch geführte Leitung in den Brunnen der Burg von Mykene (1550 – 1150 v. Chr.) geleitet. Von der Burg aus konnte man den Brunnen durch einen gleichfalls unterirdischen Gang erreichen. Aus der Art der Anlage ersieht man, dass man noch nicht verstand, den Druck des Wassers auszunützen und so das Wasser zur Burg hinauf zu leiten.

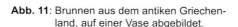

Abb. 11: Brunnen aus dem antiken Griechenland, auf einer Vase abgebildet.

Polykrates (535 – 522 v. Chr.), der Tyrann von Samos, ließ eine im Altertum besonders berühmte Wasserleitung errichten. Herodot beschreibt diese folgendermaßen: „... Ich habe mich bei den Samiern etwas länger verweilt, weil sie drei Werke gemacht, die größten in ganz Hellas. Erstlich durch einen Berg, der ist hundertfünfzig Klafter hoch, durch den haben sie unten am Fuß einen Graben durchgemacht mit zwei Mündungen. Die Länge dieses Grabens beträgt sieben Stadien, die Höhe und Breite über acht Fuß. In diesem Graben ist der ganzen Länge nach ein anderer Graben gemacht, zwanzig Ellen tief und drei Fuß breit; durch diesen wird das Wasser aus einem großen Born in Röhren geleitet, die führen es in die Stadt. Der Baumeister des Grabens war Eupalinos, des Naustrophos Sohn von Magara ..."

Das Wasser wurde hier an der Sohle eines durch den Berg gehauenen Tunnels von etwa 1 km Länge (Abb. 12) geleitet. Vom Stollenrand aus führten es Röhren in die Stadt. Man dürfte den Tunnel von beiden Seiten her gleichzeitig in Angriff genommen haben. Eine Stelle des Inneren ließ darauf schließen, dass man nicht genau zusammentraf. Man kam mit der Sohle des Nordstollens um 1 m zu hoch über die Decke der Südstrecke. Daher wurde die Sohle der Nordstrecke tiefer abgebaut, um dieses Hindernis zu beseitigen. Bauschutt und Gesteinsbrocken wurden nicht durch den Tunnel hinausgeführt, sondern durch eigens dafür angeführte Schächte weggebracht. Traute man der Standfestigkeit der Hängenden nicht, so wurde diese Strecke des Stollens ausgemauert. Die Öl-

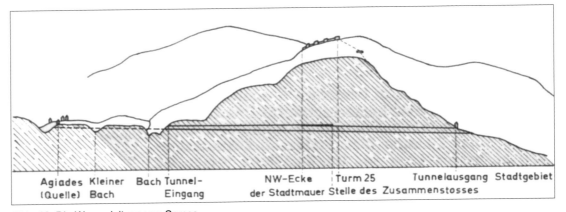

Abb. 12: Die Wasserleitung von Samos.

Samos, enjoyed particular fame in ancient Greece. Herodotus describes it as follows. "... I have dwelt the longer on the affairs of the Samians, because three of the greatest works in all Greece were made by them. One is a tunnel, under a hill 150 fathoms high, carried entirely through the base of the hill, with a mouth at either end. The length of the cutting is seven furlongs – the height and width are each eight feet. Along the whole course there is a second cutting, 20 cubits deep and three feet broad, whereby water is brought, through pipes, from an abundant source into the city. The architect of this tunnel was Eupalinus, son of Naustrophus, a Megarian ..."

In Samos, the water was channelled at the bottom of a tunnel hewn through the mountain rock over a length of approx. 1 km (Fig. 12). From the end of the tunnel itself, pipes were laid directly into the city. The tunnel was probably advanced from both sides simultaneously. At one point along its course, it seems that the two parties did not meet exactly as planned, as the floor of the northern gallery was by 1 m too high above the ceiling of the southern section. As a result, the northern gallery floor was advanced in descent to eliminate this obstacle. Building rubble and rocks were not carried away through the tunnel, but rather through specially constructed shafts. If the stability of the overlying stratum was in doubt, the gallery section in question was bolstered up with bricks. The workers' oil lamps were placed inside niches carved into tunnel walls.

To understand the problems faced by the planners of these water conduits, we must briefly expound on the fundamental differences between ancient and modern water pipelines. Today water is transported via pipelines to a central reservoir, from where it flows through a water main into the city to be supplied. Several pipes with smaller diameters branch off to supply individual districts or streets. House connections are hooked up to this network. While the water conduits of antiquity also fed a central reservoir, there was no water main in the modern sense. Neuburger describes how water was transported to the outlets from the collecting point through individual pipes arranged in roughly radial fashion.

The location of the Samos tunnel was duly chosen in keeping with these requirements. The "hub" of the distribution network was the southern mouth of the tunnel up on the hill. To be able to remove construction rubble easily, the northern point was situated on an escarpment.

The water was then collected in a reservoir, from where it flowed to the tunnel entrance through a curving underground conduit of 835 m length, partly laid below the bed of a creek. The idea seems to have been to prevent potential enemies threatening the city from realising that the water conduit existed at all. The water was transported via clay pipes; both round and square diameters were discovered. The latter were used for conduit lining. Every other round pipe presented perforations on top for ventilation purposes.

lampen der Arbeiter wurden in Nischen aufgestellt, die in die Tunnelwandungen gemeißelt waren.

Um die Planungsprobleme dieser Wasserleitungen zu verstehen, muss man kurz die grundlegenden Unterschiede der antiken und der heutigen Wasserleitung erläutern. Heute wird das Wasser durch eine Leitung in den Hauptbehälter geleitet. Von da aus fließt es durch einen Hauptrohrstrang in die Stadt, von der mehrere Leitungen geringeren Durchmessers abzweigen, welche die einzelnen Bezirke bzw. Straßen versorgen. Der Hausanschluss wird an diese Netzleitung angeschlossen. Wohl gab es bei den antiken Wasserleitungen auch einen Hauptbehälter, aber keinen Hauptrohrstrang. Neuburger schreibt, dass das Wasser vom „Wasserschloss" (Sammelstelle) in einzelnen, gewissermaßen strahlenförmig errichteten Leitungen zu den Ausläufen floss.

Entsprechend wurde der Tunnel von Samos situiert. Der „Knotenpunkt des Verteilungsnetzes" war der in der Höhe des Berges gewählte südliche Stollenmund. Um den Schutt leicht beseitigen zu können, wurde der nördliche Punkt an einen Steilhang verlegt.

Das Wasser wurde in einem Behälter gesammelt, von dem es durch eine gekrümmte unterirdische Leitung von 835 m Länge – sie wurde auch unter einem Bachbett geführt – zum Tunneleingang floss. Ein eventuell die Stadt bedrohender Feind sollte wohl von der Wasserleitung nichts merken. Das Wasser strömte durch Tonrohre; man fand welche mit rundem und solche von rechteckigem Querschnitt. Letztere wurden zur Auskleidung der Rinne verwendet. Jedes zweite runde Rohr ist oben zur Lüftung durchgelocht.

Da man die Höhepunkte damals nicht genau festlegen konnte, besaß der Tunnel nach Fertigstellung zu wenig Gefälle. Daraufhin wurde ein Graben, dessen Sohle am Anfang 2 m, am Ende 8,25 m unterhalb des Stollenbodens lag, ausgehoben. Darin floss das Wasser.

Das Vermessen der Punkte unter Tage ist auch heute noch keine leichte Aufgabe. Heron von Alexandria, der griechische Mathematiker und Physiker (um 120 v. Chr.), berichtet ausführlich über das damalige Verfahren: Die Höhenunterschiede wurden durch eine Reihe von rechtwinkeligen Koordinaten und Dreieckskonstruktionen festgelegt. Um 200 v. Chr. wurde in Pergamon in Kleinasien von König Eumenes II. eine bemerkenswerte Druckwasserleitung errichtet. Durch diese wurde das Wasser 332 m hoch zu einer Zisterne hinaufgebracht. Dementsprechend musste die Lage des Hochbehälters festgelegt werden. Man entdeckt seine Reste auf dem Berge von Hagios Georgios in 376,5 m Höhe. Die Leitung überquert zwei von einem Hügelrücken getrennte Täler, welche etwa 192 m bzw. 172 m über dem Meer liegen und steigt dann zur Entnahmestelle an. (Abb. 13.) Beim tiefsten Punkt der Leitung herrschte ein Maximaldruck von rd. 20 atü (367,6 m – 172 m – 195,6 m bzw. 19,56 atü).

Gräber vermutet die Verwendung von Blei oder Erz, d. h. Kupfer-, Messing- oder Bronze-Leitungen. Dörpfeld glaubt an das Vorhandensein einer Holzleitung. Die Verwendung von Tonrohren kann man auch nicht ganz ausschließen. Rohre aus Ton fand man jedenfalls in der Hauptstraße, die vom Eumenischen Mauerring nach oben führt. Nur die Verankerungen der einzelnen Rohrschlüsse, die aus Lochsteinen in einer Entfernung von 1,20 m voneinander mit Bohrungen von 280 bis 290 mm Durchmesser bestanden haben, sind erhalten geblieben

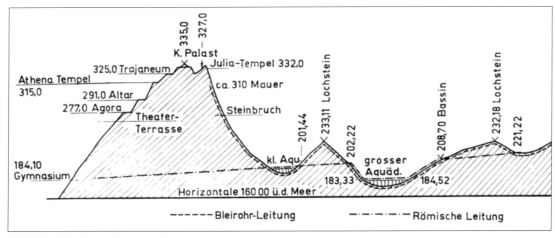

Abb. 13: Die Wasserleitung von Pergamon.

Since it was impossible at the time to accurately determine elevation points, it became evident after completion that the tunnel gradient was insufficient. Thus a ditch was dug to carry the water; its bottom was situated at 2 m (at the beginning) and 8.25 m (at the end) below the gallery floor.

To this day, underground point surveying is a demanding task. Heron of Alexandria, the Greek mathematician and physicist (circa 120 B.C.), reports extensively on the procedure employed in his time: differences in height were determined by means of a series of rectangular co-ordinates and triangulated constructions.

Around 200 B.C., a remarkable pressure water conduit was built in Pergamon (Asia Minor) under King Eumenes II. The system transported water to a cistern situated at 332 m above. It was therefore very important to determine the best position for the reservoir, whose ruins can still be seen on the hill of St. George (Hagios Georgios) at an elevation of 376.5 m. The pipeline crosses two valleys, which are separated by a ridge and situated at approx. 192 m and 172 m, respectively, above sea level, and then ascends towards the point where the water was withdrawn (Fig. 13). At the lowest point of the pipeline, the maximum pressure was approx. 20 bar overpressure (367.6 m – 172 m – 195.6 m or 19.56 bar overpressure).

Gräber hypothesised the use of lead or ore (i.e. copper, brass or bronze) pipes, while Dörpfeld believed in the existence of a timbered conduit. Moreover, the use of clay pipes cannot be entirely excluded, either. In any case, clay pipes were found along the main road leading upward from Eumenes' walls encircling the city. Only the anchors of the individual pipe sections, which were composed of perforated stones at every 1.20 m presenting holes of 280 mm to 290 mm in diameter, have been preserved (Fig. 14). Other clay pipes were discovered as parts of the conduits feeding the baths of the Upper Gymnasium. Up to mid-wall level, the conduits were embedded in a rock groove; metal pipes were used from this point onward.

Later a second conduit – which, however, only served the lower city – was built in Pergamon by the Romans. The Roman conduit bypasses the hill between the two aqueducts, (Abb. 14). Weitere Tonrohre fand man als Zuleitung zum Baderaum des oberen Gymnasiums. Bis zur Mitte der Wände lagen die Leitungen in einem Felskanal und von hier aus wurden Metallrohre eingesetzt.

Später legten die Römer in Pergamon noch eine zweite Leitung, allerdings nur für die Unterstadt. Die römische Leitung umschreibt den zwischen den beiden Aquädukten befindlichen Hügel, während die griechische über den Kamm hinweg führt. Im Griechenland des Altertums fand man an mehreren Stellen solche Druckwasserleitungen, so z. B. in Patara, in Methymna usw. In Alexandrien waren die Hauptstraßenzüge von Wasserleitungen und Kloaken begleitet.

Auf Kreta besaß der Palast des sagenhaften Minos (um 2000 v. Chr.) schon Aborte. Im sogenannten zweiten Palast (zwischen 1570 und 1425 v. Chr. erbaut) fand man eine bemerkenswerte Abwasserleitung. Sie hat Lichtlöcher, Belüftungsschächte und weist sogar parabolische Kurven auf, um die Strömungsgeschwindigkeit des Abwassers zu vermindern. Die verwendeten Tonrohre hatten einen jeweils kleiner werdenden Durchmesser, denn so konnten sie leichter aneinandergefügt werden.

Auch in manchen Häusern von Thera am Ägäischen Meer fand man Aborte mit Wasserspülung. Mehr noch, es waren Marmorbecken vorhanden, die zum Waschen der Hände dienten.

Abb. 14: Lochstein der Druckwasserleitung von Pergamon.

Von Schliemann und Dörpfeld wurde Tiryns, die frühgeschichtlich mykenische Herrschaftsresidenz im östlichen Peloponnes (etwa 16. Jahrhundert v. Chr.) ausgegraben. Dort fand man das älteste bekannte griechische Bad, in welchem sich die homerischen Helden gebadet und gesalbt haben. Der Fußboden besteht aus einer einzigen Steinplatte, die in die Mauer eingebettet ist. Der Boden ist geneigt, um das aus der Wanne überlaufende Wasser in eine Abflussrinne zu leiten. Die Wanne selbst war aus gebranntem Ton hergestellt und hatte eine längliche, an beiden Enden abgerundete Form. Sie zeigt außen Henkel zum Heben und im Inneren eine wellenornamentartige Verzierung. Außer derartig großen Wannen gab es auch noch andere, wie z. B. solche, die als Fuß- oder Sitzbad eingerichtet waren.

Man hat damals auch schon auf den Abfluss des Regenwassers in verständiger Weise Bedacht genommen. Der sogenannte Männerhof, der Mittelpunkt des Palastes, war mit einem Estrich versehen, dessen Oberfläche geneigt war, so dass das Regenwasser in einen mit einer Steinplatte bedeckten Schacht an der Südwestseite des Hofes fließen musste. Durch diesen Schacht gelangte das Wasser in einen gemauerten, horizontalen Kanal, dessen Verlauf noch nicht ganz aufgedeckt ist.

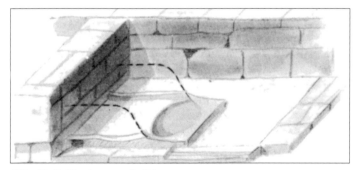

Abb. 15: Fußbadewanne in Priene.

while its Greek counterpart crosses the ridge. Such pressure water conduits were in use in several other Greek cities as well, e.g. in Patara, Methymna, etc. In Alexandria, important streets were flanked by water conduits and sewers.

The palace of legendary King Minos of Crete (circa 2000 B.C.) already boasted latrines. A remarkable sewer system was unearthed in the Second Palace (built between 1570 and 1425 B.C.). It features light holes, ventilation shafts and even parabolic curves to reduce sewage flow velocity. The clay pipes used presented tapering diameters to ensure easier fitting. Some houses of Thira on the Aegean likewise had latrines that could be flushed. There were even marble basins for washing hands.

Schliemann and Dörpfeld excavated Tiryns, the early Mycenaean centre in the eastern Peloponnese (circa 16th century B.C.). This archaeological site yielded the first Greek bath, which may have seen Homer's heroes wash and anoint their limbs. The floor was created from one single stone slab embedded in the wall. It is inclined to divert the water overspilling from the tub into a drain. The tub itself was done in terracotta and had an oblong design with rounded ends. On the outside, it featured handles for lifting, while the inside was decorated with wave-shaped ornaments. Apart from such big tubs, there were smaller ones serving e.g. as footbaths or hip baths.

Rainwater drainage was equally taken care of in a sophisticated manner: the Courtyard of the Men, i.e. the centre of the palace, was provided with a floor screed whose surface was slightly inclined to make the rainwater flow into a shaft – covered with a stone slab – on the south-western side of the courtyard. Via this shaft, the water flowed into a brick-built, horizontal channel whose course has not yet been fully clarified.

A tub found in Priene seems to have served a similar purpose and in any case was used for foot bathing. Only small vestiges of its lower part have remained (Fig. 15). This fragment indicates that the tub either had an integrated seat or offered space for a wooden board to sit down on.

A tub setup probably designed for larger numbers of people was found in the gymnasium of Priene. Here the water spurted from several lion's heads into an oblong trough, whose upper edge was situated at 75 cm above ground level and designed to divert overspill water from the tub to the inclined floor, from where it was discharged into a gully leading to the street outside. The front section of this bathhouse offers two stone seats with hollows for footbaths.

The excavations in Pergamon (Asia Minor, 281-33 B.C.) show that even these bathing facilities were connected to the sewer system. A bathroom unearthed in the Upper Gymnasium (circa 200 B.C.) provided for the water to pass through several tubs (Fig. 16). The bathers stood in these and enjoyed the water streams pouring from the conduits above their heads. Finally, the water was discharged from the last tub into the sewer. Pergamon even boasted public lavatories subjected to regu-

Eine in Priene aufgefundene Wanne dürfte ähnlichen Zwecken, sicherlich aber zum Fußbad gedient haben Nur die Reste des unteren Teiles sind erhalten geblieben (Abb. 15). Auf Grund dieses Stückes kann man annehmen, dass sie vielleicht so ausgestattet war, dass sie entweder einen Sitz bildete oder ein Sitzbrett aufgelegt werden konnte.

Im Gymnasium von Priene fand man eine wohl für Massenbetriebe eingerichtete Wannenanlage. Das Wasser strömte aus mehreren Löwenköpfen in einen langen Trog, dessen oberer Rand 75 cm über dem Fußboden angeordnet war und das überschüssige Wasser floss über den Wannenrand auf den geneigten Fußboden, der es einer auf die Straße mündenden Rinne zuführte. Im vorderen Teil der Anlage sind zwei Sitzblöcke vorhanden, vor denen sich Mulden für Fußbäder befinden.

Die Ausgrabungen in Pergamon in Kleinasien (281 – 33 v. Chr.) zeigen, dass sogar die Badeeinrichtungen der Griechen an die Kanalisation angeschlossen waren. Man hat im oberen Gymnasium einen Baderaum freigelegt (um 200 v. Chr.), wo das Wasser durch mehrere Wannen hindurchlief (Abb. 16), in denen die Badenden standen und sich von dem den Leitungen oben entströmenden Wasser berieseln ließen. Das Wasser floss dann von der letzten Wanne in den Kanal. In Pergamon gab es sogar schon öffentliche Abtritte, die der Baupolizei unterstellt waren. Die bei den Ausgrabungen um die Jahrhundertwende aufgefundene Schrift berichtet: „Die Astyonomen sollen Fürsorge tref-

Abb. 16: Brausebad, abgebildet auf einer alten griechischen Vase.

fen für die öffentlichen Kloaken und die von ihnen ausgehenden unterirdischen Kanäle. Wenn sie im einzelnen Falle dicht sind, und …"

Auch aus der römischen Besatzungszeit wurden Kanalisationsanlagen entdeckt. Teile von Entwässerungsanlagen sind auch in den Überresten des Theaters aufgefunden worden; sie durchziehen die Terrasse in der Längsrichtung. Durch Senkung des südlichen Teiles scheint die erste Leitung zerstört worden zu sein und es wurde deshalb eine zweite angelegt.

Ähnliche großartige Kanalisationsanlagen finden wir in Athen, in Olympia und Samos, wo die Abzugskanäle zum Teil in die Felsen gearbeitet waren. Von der Kanalisation in Milet, einer Stadt an der Küste Kleinasiens, die 494 v. Chr. von den Persern zerstört wurde, sagt Salis um die Jahrhundertwende: „… auch die Kanalisation einer modernen Großstadt nicht erreicht …"

Näheres wissen wir auch über die Abzugskanäle in Agragas. Unter Therons Führung machten die Griechen in der Schlacht bei Himera um 480 v. Chr. eine große Anzahl von Kriegsgefangenen. In seiner „Historischen Bibliothek" berichtet uns Diodorus (1. Jh. v. Chr.): „Die meisten der in der Schlacht bei Himera erbeuteten Kriegsgefangenen wurden zum Nutzen der Gemeinde verwendet. Diese schnitten Steine, aus welchen nicht nur die größten Göttertempel erbaut wurden, sondern es wurden auch für den Abfluss der Wässer aus der Stadt unterirdische Kanäle hergestellt; so groß, dass das Werk wohl merkwürdig war, obwohl es wegen seiner Geringfügigkeit verachtet wurde. Da aber der Unternehmer dieser Werke den Beinamen Phaeax führte, wurden diese unterirdischen Leitungen nach ihm Phaeaken genannt …"

Das Athen der Antike hatte eine interessante Kanalisation; der Hauptkanal war aus Quadersteinen teils als falsche, teils als echte Gewölbe errichtet; die Verteilungskanäle bestanden aus gebranntem Ton. Abnehmbare De-

lation by the building inspectors. An inscription discovered around the turn of the century (from 19th to 20th) states: "The astyonomoi (i.e. city controllers) shall provide for the public sewers and the underground conduits branching off from these. If, in the specific case, these are tight, and …"

In addition, sewer installations dating from the Roman occupation were discovered as well. Parts of a drainage system were also found in the ruins of the theatre, where they run along the whole terrace. It seems that the first conduit was destroyed as a consequence of soil subsidence in the southern section; thus a second one was built.

Similarly impressive sewer systems can be found in Athens, Olympia and Samos, where the drains were partly carved from the rock. Around the turn from the 19th to the 20th century, Salis wrote about the sewer system of Miletus, a coastal city in Asia Minor that was destroyed by the Persians in 494 B.C.: "… even the sewers of a modern metropolis are not up to this standard …"

We also have some detailed knowledge of the drains of Akragas (modern-day Agrigento in Sicily). Led by Theron, the Greeks took numerous prisoners of war when they won the Battle of Himera in 480 B.C. In his "Historical Library", Diodorus Siculus (1st century B.C.) reports as follows: "Most of these (i.e. the captives) were handed over to the state, and it was these men who quarried the stones of which not only the largest temples of the gods were constructed, but also the underground conduits were built to lead off the waters from the city; these are so large that their construction is well worth seeing, although it is little thought of since they were built at slight expense. The builder in charge of these works, who bore the name of

Phaeax, brought it about that, because of the fame of the construction, the underground conduits got the name 'Phaeaces' from him …"

The sewers of ancient Athens were equally interesting. The main sewer was constructed from square stone blocks partly as a corbelled, partly as a "true" vault; the distributor conduits were done in terracotta. Removable covers allowed for sewer cleaning. The individual terracotta pipes were loosely assembled, similar to the drains. Sewer pipes had flared ends that made it easy to push them together, telescope-style. The loosely interconnected pipes were attached to each other by lead. The wastewater disposal system is particularly noteworthy, because the outfall sewer was split up into a number of smaller conduits outside the city, causing the effluents to be distributed across several minor creeks. These smaller conduits were mostly situated underground and diverted towards lower levels, where they seeped into the ground. One of these conduits presented a kind of slide valve, which proves that the conduits could in fact be shut off. Presumably, the wastewater was allocated to the local landholders, who let it then seep into the ground on their properties.

In one of his 17 books, Strabo (63 B.C.) states that the rising water level of Lake Copais caused the destruction of several cities (Athens, Arne, Midea and Eleusis). The geographer notes that the lake had no outlet except for the subterranean entry points, into which the river Cephissus debouched. The mouths of these entry points were often blocked by material accretion or collapse due to earthquakes. Alexander the Great commissioned the Greek engineer Crates to clear and clean the discharge route. Later on, additional artificial galleries were hewn into the rock, thus creating an efficient drainage system.

ckel gestatteten die Reinigung des Kanalsystems. Die einzelnen Tonrohre waren lose aneinandergeschoben, ähnlich der den Drainrohren. Man fand auch Kanalrohre mit auf gebördelten Enden, so dass man sie leicht zusammenschieben konnte. Bei den lose aneinandergelegten Rohren verwendete man Bleiklammern, die sie zusammenhielten.

Bemerkenswert ist die Abwasserbeseitigung, da sich der Abzugskanal nach Verlassen der Stadt in eine Anzahl von kleinen Kanälen verteilt, so dass das gesammelte Wasser nunmehr in kleineren Bächen auseinander floss. Diese kleineren Kanäle wurden nach kurzer Strecke unterirdisch geführt und entströmten dann nach den tiefer gelegenen Ebenen, wo sie versickerten. An einem dieser kleinen Kanäle fand man eine Art Absperrschieber. Das beweist, dass die Kanäle abgesperrt werden konnten. Es ist anzunehmen, dass das Abwasser den Grundbesitzern zugeteilt wurde, die dann das Wasser auf ihren Grundstücken versickern ließen.

Strabo (63 v. Chr.) berichtet in einem seiner 17 Bücher, dass durch das Steigen des Wasserspiegels des Kompaissees mehrere Städte (Athen, Arne, Midea und Eleusis) zerstört wurden. Außer den unterirdischen Eingängen, in die der Kephissos-Fluß einfloss, weist Strabo darauf hin, dass der See keinen Abfluss besäße. Die „Saugschfunde", also die Mündungen dieser Eingänge, wurden durch Anschwemmungen oder Einstürze während der Erdbeben oft verstopft. Alexander der Große beauftragte den griechischen Ingenieur Krates, den Ausfluss freizulegen und zu reinigen. Später wurden auch noch künstliche Abzugsstollen in den Felsen gehauen und so eine gut arbeitende Entwässerungsanlage geschaffen.

Aristoteles aus Stagira (384 – 322 v. Chr.), ein Schüler Platons, meinte, man solle das salzige Wasser des Meeres durch Filtration in Süßwasser verwandeln. Dies ge-

schah vermutlich durch Filtration in porösen Tonkrügen.
Philon von Byzanz beschrieb um 260 v. Chr. ein vollkommen geschlossenes Tretrad für einen Mann. Im selben Werk werden ober- und unterschlächtige Wasserräder als Antriebsmechanismen für Schöpfeimerwerke beschrieben, die mit Treträdern oder mit Göpeln angetrieben wurden, wobei man Menschenkraft oder Tiere einsetzte. Auch beschreibt Philon Hähne mit Öffnungen in verschiedenen Richtungen zum Ablassen von Weinsorten aus Vexiergefäßen, sowie Dreiweghähne und auch ein von exzentrischen Wellen gesteuertes Klappventil.
Heron von Alexandrien (um 120 v. Chr.) schreibt in einem seiner Werke: „… Achte stets darauf, dass es nicht genügt, den Strömungsquerschnitt zu bestimmen, um die der Quelle gelieferte Wassermenge zu kennen. Dieser, so sagten wir, war 12 Quadratfinger groß. Es ist vielmehr erforderlich, die Schnelligkeit ihres Stromes zu finden, weil die Quelle umso mehr Wasser liefert, je schneller die Strömung ist und umso weniger, je langsamer sie ist. Wenn du deshalb unter dem Ausguss ein Becken gegraben hast, prüfe mit der Sonnenuhr, wie viel Wasser in einer Stunde hineinfließt. Hiervon schließe auf die Wassermenge, die an einem Tag hineinfließt. So braucht man den Querschnitt des Stromflusses nicht zu messen. Allein die Messung der Zeit genügt, um die Strömung der Quelle erkennbar zu machen."
Thales von Milet (einer der ersten griechischen Naturphilosophen) lehrte schon um 600 v. Chr., dass man im Wasser den Urstoff allen Lebens erblicken dürfe. Unter den hervorragenden Wissenschaftlern Griechenlands soll noch Archimedes von Syrakus (287 – 212 v. Chr.) genannt werden. Er war unter anderem der Entdecker des hydrostatischen Gesetzes und der Schraube zum Wasserheben.

Aristotle of Stagira (384-322 B.C.), a disciple of Plato, suggested seawater filtration to obtain freshwater. This was probably done by means of filtration in porous earthenware jars.
Around 260 B.C., Philo of Byzantium described a closed tread-wheel for one man. In the same book, he deals with overshot and undershot water-wheels driving bucket elevators that were in their turn powered by tread-wheels or gins running on human or animal strength. Moreover, Philo describes taps with apertures in multiple directions to release wines from trick vessels as well as three-way taps and even a flap valve controlled by eccentric shafts.
In one of his works, Heron of Alexandria (circa 120 B.C.) writes: "… It is to be noted that in order to know how much water the spring supplies it does not suffice to find the area of the cross-section of the flow, which in this case we say is 12 digits. It is necessary also to find the speed of flow, for the swifter is the flow, the more water the spring supplies, and the slower it is, the less. One should therefore dig a reservoir under the stream and note with the help of a sundial how much water flows into the reservoir in one hour, and thus calculate how much will flow in a day. It is therefore unnecessary to measure the area of the cross-section of the stream. For the amount of water delivered will be clear from the measure of the time."
Already around 600 B.C., Thales of Miletus (one of the first Greek philosophers of nature) taught that water is the first principle of life. Among the many outstanding Greek scientists, mention must also be made of Archimedes of Syracuse (287-212 B.C.), who inter alia discovered the first law of hydrostatics ("Archimedes' principle") and the screwpump ("Archimedes' screw").

The Roman Empire

Looking at a map of Italy, it is clear that the peninsula is predominantly composed of upland terrain – only one fifth is flat country. Many springs cascading down from the mountains and hills were available as drinking water resources from time immemorial. It was thus a foregone conclusion for the Romans to tap these springs and conduct the water from far away to their cities.

To begin with, the Romans adopted the structural principle of the Etruscans, who left a square aperture in the roofs of their houses to fill their cisterns with rainwater. It seems that cisterns were used at a later date as well, since Agrippa (62-12 B.C.), the son-in-law of Emperor Augustus, reported that he had 500 wells and 300 big cisterns built to improve water supply.

Pressure systems were largely known; in spite of this, gravity pipelines were preferred, which is understandable since pressure pipelines are much more difficult to execute and trickier to maintain. The writings of Vitruvius, Vegetius and Frontinus tell us that wells, too, were very popular.

"… Quod si natura (fontes) non praestat, effodiendi sunt putei aquarumque haustus funibus extrahendi …" Vecetius proposes, i.e.: "Where nature does not provide spring water, wells of the depth required must be dug and the water drawn up by means of ropes."

During the reign of Emperor Gaius Julius Octavianus (Augustus), the books of Vitruvius described the following rules for identifying water resources: "Before sunrise, lie down flat in the place where the search is to be made, and placing the chin on the earth and supporting it there, take a look out over

Imperium Romanum

Betrachtet man die Landkarte Italiens, so erkennt man unschwer, dass es vorwiegend gebirgig ist und nur ein Fünftel aus Ebenen besteht. Viele von Bergen und Hügeln herunter sprudelnde Quellen boten sich schon von altersher als Trinkwasser an. Es ist daher einleuchtend, dass die Römer die Spenden der Quellen vorwiegend nützten und das Wasser von weit her zu den Städten leiteten.

Zuerst übernahm man in Rom das Bauprinzip der Etrusker, die zur Ableitung des Regenwassers in die Zisternen im Dach ihrer Häuser eine quadratische Öffnung ließen. Anscheinend verwendete man auch später Zisternen, denn Agrippa (62 – 12 v. Chr.), der Schwiegersohn Augustus', berichtete, er habe zur Verbesserung der Wasserversorgung 500 Brunnen und 300 große Zisternen bauen lassen. Die Drucksysteme waren weitgehend bekannt; trotzdem wurden mit Vorliebe Gefällswasserleitungen angelegt, was verständlich ist, da Druckleitungen schwer auszuführen und nicht leicht instandzuhalten waren. Aus den Schriften von Vitruvius, Vegetius und Frontinius entnehmen wir, dass auch der Brunnen sehr bekannt war.

„… Quod si natura (fontes) non praestat, effodiendi sunt putei aquarumque haustus funibus extrahendi …" rät Vecetius, das heißt nichts anderes als: „Wenn die Natur kein Quellwasser liefert, so muss man Brunnen in jeder erforderlichen Tiefe graben und das Wasser mit Hilfe von Seilen emporziehen.

Vitruvius beschrieb zur Zeit des Imperators Gajus Julius Octavianus (Augustus) in seinen Büchern für das Auffinden von Wasser folgende Regel: „Man lege sich, ehe die Sonne aufgegangen ist, in der Gegend, in welcher man Wasser sucht, das Gesicht gegen die Erde gewendet, auf den Boden und indem man das Kinn auf die Erde setzt und fest stützt, sehe man über jene Fläche hin. So wird nämlich, wenn das Kinn unbeweglich steht, das Auge nicht unstet höher streben, als es soll, sondern wird in sicherer Einschränkung die Niveauhöhe über die Gegend hinhalten. An der Stelle nun, an welcher man Dünste sich träufend in die Luft erheben sieht, da schlage man einen Schacht hinab: denn an einem trockenen Orte kann sich dies Anzeichen nicht finden ..."

„Kennzeichen der Stelle aber, an welchen Bodenarten Wasser zum Vorschein kommt und gefunden werden kann, sind: zarte Binsen, wilde Weiden, Erlen, Keuschlamm, Schilf, Efeu und andere Gewächse der Art, welche ohne Feuchtigkeit nicht gedeihen können. Es pflegen aber dergleichen auch in Bodensenkungen zu wachsen, welche tiefer als das übrige Gefilde liegend die Feuchtigkeit von den Regengüssen aufnehmen und den Ackern den Winter über und noch länger infolge ihrer muldenförmigen Beschaffenheit bewahren; diesen aber ist nicht zu trauen, sondern an anderen Gegenden und Landstrichen, nur nicht an Bodensenkungen, wo jene Anzeichen ungesät, vielmehr durch den Trieb der Natur selbst von freien Stücken wachsen, da muss man nach Wasser forschen.

Wenn aber an diesen Plätzen keine Dinge der Art den Fundort zeigen, so hat man folgende Versuche anzustellen: Man grabe ein Loch, das nach jeder Richtung fünf Fuß misst, und setze in dasselbe im Sonnenuntergang einen bronzenen oder bleiernen Becher oder ein solches Becken, was von beiden eben zur Hand ist, streiche es aber vorher von innen mit Öl aus und stelle es umgestürzt hinein, bedecke dann die Oberfläche der Grube mit Schilfrohr und schütte diese mit Erde zu; öffnet man dann am folgenden Tage die Grube wieder, so wird der Boden, wenn das Gefäß angelaufen ist und Tropfen enthält, Wasser bergen. Ebenso kann man den Versuch mit einem irdenen, nicht angebrannten Geschirr machen. Ist nämlich das Gefäß auf dieselbe Weise in die Grube gestellt und bedeckt, so wird es, wenn der Ort Wasser enthält, nach-

the country. In this way, the sight will not range higher than it ought, the chin being immovable, but will range over a definitely limited height on the same level through the country. Then dig in places where vapours are seen curling and rising up into the air. This sign cannot show itself in a dry spot. ...

In the kinds of soil described above, signs will be found growing, such as slender rushes, wild willows, alders, agnus castus trees, reeds, ivy and other plants of the same sort that cannot spring up of themselves without moisture. But they are also accustomed to grow in depressions which, being lower than the rest of the country, receive water from the rains and the surrounding fields during the winter and keep it for a comparatively long time on account of their holding power. These must not be trusted, but the search must be made in districts and soils, yet not in depressions, where those signs are found growing not from seed, but springing up naturally of themselves.

If the indications mentioned appear in such places, the following test should be applied. Dig out a place not less than three feet square and five feet deep and put into it about sunset a bronze or leaden bowl or basin, whichever is at hand. Smear the inside with oil, lay it upside down and cover the top of the excavation with reeds or green boughs, throwing earth upon them. Next day uncover it, and if there are drops and drippings in the vessel, the place will contain water. Again, if a vessel made of unbaked clay be put in the hole and covered in the same way, it will be wet when uncovered and already beginning to go to pieces from dampness, if the place contains water. If a fleece of wool is placed in the excavation and water can be wrung out of it on the following day, it will show that the place has a supply. Further, if a lamp be trimmed, filled with oil, lighted and put in that place and covered up, and if on the next day it is not burnt out, but still contains some remains of oil and wick and is itself found to be damp, it will indicate that the place contains water; for all heat attracts moisture. Again, if a fire is made in that place, and if the ground, when thoroughly warmed and burned, sends up a misty vapour from its surface, the place will contain water."

These interesting rules are indicative of the special techniques employed by the Romans to find water. At the same time, they bear proof positive of the Romans' great appreciation for this resource.

In ancient Rome, water was a prized commodity often used lavishly without a thought for economy. Originally, the city had only little access to clean water. With time, however, the water supply problems besetting the heart of the Roman Empire were efficiently resolved. Spring water from the central Apennines was brought to the city. Initially, water pipelines ran underground; later, enormous volumes were transported across such vast distances that subterranean pipe-laying would have become too cumbersome. Moreover, the Romans avoided where possible to overcome differences in altitude by means of water pressure, instead preferring costly and complicated artificial structures such as galleries or aqueducts, which continue to amaze visitors to this day. These aqueducts endow Rome and many other ancient Roman cities with their specific character to this day. The wide lowland plain around Rome called Campagna is crisscrossed by the vast arches of its aqueducts, some of which continue to carry the precious commodity that is water to Rome even in our present time.

dem man es wieder aufgedeckt hat, feucht sein und wohl auch durch die Einwirkung der Feuchtigkeit zerfallen. Und wenn man einen Büschel Wolle in jene Grube gelegt hat, am folgenden Tage aber Wasser herauszupressen ist, so zeigt dies an, dass jener Ort Vorrat an Wasser enthalte. Nicht minder kann man den Versuch mit einer Lampe machen. Man hat diese, gehörig zugerichtet, mit Öl gefüllt und angezündet, an jenen Ort gestellt und bedeckt und ist sie am folgenden Tage, wenngleich sie noch Öl und Docht übrig hat, erloschen und wird selbst feucht gefunden, so wird sie anzeigen, dass jener Ort Wasser enthalte, und zwar deshalb, weil alle Wärme die Feuchtigkeit an sich zieht. Wenn man ferner an jener Stelle Feuer anmacht und die erwärmte und angebrannte Erde einen nebelartigen Dunst von sich gibt, so wird jene Stelle Wasser enthalten."

Diese interessanten Regeln zeigen schon die besondere Technik des Wasserauffindens der Römer. Gleichzeitig manifestieren sie auch, wie sehr das kostbare Nass geschätzt wurde.

Im antiken Rom liebte man das Wasser, ja man verschwendete es. Ursprünglich war die Stadt nur sehr spärlich mit gesundem Wasser versorgt. Später wurde die Wasserversorgung des Mittelpunktes des Imperium Romanum hervorragend gelöst. Das Quellwasser des mittleren Apennin wurde in die Stadt geleitet. Anfangs legte man die Wasserleitungen unterirdisch an, dann aber holte man gewaltige Wassermengen aus so weiten Entfernungen her, dass die unterirdische Verlegung der Röhren Schwierigkeiten bereitet hätte. Außerdem aber vermieden es die Römer, wenn möglich, Höhenunterschiede durch den Wasserdruck zu überwinden. Lieber entschlossen sie sich zu kostspieligen und mühsamsten Kunstbauten, also zur Anlage von Stollen und Aquädukten, die heute noch größte Bewunderung erwecken. So gewinnt die Umgebung Roms und so mancher altrömischen Stadt durch die Aquädukte ihr charakteristisches Aussehen. Die weite Ebene

Tabelle 1
(Tractatus de aquaeductibus)

Name	Jahr der Erbauung	Beginn Aquäduktes	Entfernung in m	Verlauf auf Bogenbauten in km	Tägliche Wassermenge in m^3
Aqua Appia	312 v.Chr.	„Bei La Rustica"	16 550	0,09	73 000
Aqua Vetus	272 v.Chr.	Oberhalb Tivolis am Linken Aniene-Ufer	64 000		175 000
Aqua Marcia	146 v.Chr.	Aniene-Tal	94 000	8,832	187 600
Aqua Tepula	116 v. Chr.	Nahe der 10. Meile der Via Latina			
Aqua Julia	35 v. Chr.	Squarciarelli bei Grottaferrata			48 240
Aqua Virgo	22 v. Chr.	8. Meile der Via Collatina	22 000 21 000	2,00	100 160
Aqua Alsietina	2 v. Chr.	See von Martignano an der Via Claudia			15 680
Aqua Claudia	38 n. Chr.	Aniene-Tal	33 000 69 000	8,832	184 280
Anio Novus	52 n. Chr.	Aniene-Tal	87 000	11,776	189 520
Aqua Traiana	110 n. Chr.	Quellen von Vicarello	24,5 + 7,8 km	49,000	19 872 158 000
Aqua - Alexandria	226 n. Chr.	Quellen von Tantano am Fuß der Albanerberge	26 620 m		

In 312 B.C., the first aqueduct – called Aqua Appia – was constructed during the time of Appius Claudius Caecus as censor. This pipeline takes its origin at Via Praenestina, runs underground for a stretch, enters the city at Porta Capena and discharges its water in Campus Martius. It was also during Appius' term as censor that the famous road from Rome to Capua – the Appian Way – was built.

Around 272 B.C., construction works for Rome's second water pipeline called Anio Vetus, from Anio River, were initiated. The height differential of this pipeline is 129.73 m, as compared to 53.63 m of Aqua Appia. Remnants of the aqueduct can still be seen in the valleys of San Giovanni and degli Arci (literally "valley of the arches").

Aqua Marcia (Fig. 17), the third out of a total of 14 pipelines constructed over time to supply Rome, links the city with the springs at approx. 53 km distance (see Table 1). The total length of the pipeline was over 90 km, with 11 km running on aqueducts. It was erected under praetor Quintus Marcius Rex around 146 B.C. at an estimated cost of 180 million sesterces (roughly Euro 18 million); reputedly, roughly 3,000 workers were employed in its construction.

The fourth water pipeline of Rome called Tepula dates from 116 B.C. Some time later, it was merged with the fifth water pipeline, Aqua Julia, which was erected

um Rom, die Campagna, ist in allen Himmelsrichtungen von den riesigen Bogensträngen der Aquädukte durchzogen, von denen einzelne noch heute wie damals das kostbare Nass von den weit entfernten Gebirgen heranführen.

Im Jahre 312 v. Chr. unter Zensor Appius Claudius Caecus wurde der erste Aquädukt – genannt Aqua Appia – errichtet. Die Leitung beginnt an der Via Praenestina, wird einige Zeit unterirdisch geführt, tritt bei der Porta Capena in die Stadt und gießt im Campus Martius ihr Wasser aus. Unter Appius wurde auch die berühmte, von Rom nach Capua führende Straße, die Via Appia, erbaut.

Um 272 v. Chr. begann der Bau der 2. Wasserleitung Roms, der „Anio vetus", aus dem Fluß Anio. Das Gefälle der Leitung beträgt 129,73 m, gegenüber 53,63 m der Aqua Appia. Reste des Aquäduktes sind noch im Tal St. Giovanni und im Tal Degli Arci zu sehen.

Die „Aqua Marcia" (Abb. 17), die dritte von den insgesamt vierzehn im Laufe der Zeit zur Wasserversorgung Roms ausgeführten Leitungen, verbindet die Stadt mit den etwa 53 km entfernten Quellen (siehe Tabelle 1). Die Gesamtlänge der Leitung beträgt mehr als 90 km, wovon 11 km auf Aquädukten geführt werden. Sie wurde unter dem Pretor Marcius um 146 v. Chr. erbaut und die Kosten sollen 180 Millionen Sesterzien (18 Millionen Euro) betragen haben. Rund 3.000 Arbeiter sollen dabei beschäftigt gewesen sein.

116 v. Chr. wurde die „Tepula", die vierte Wasserleitung Roms, erbaut. Später wurde sie mit der um 35 v. Chr. errichteten „Aqua Julia" (5. Leitung) vereinigt. Agrippa baute

Abb. 17: Reste römischer Aquädukte.

22 v. Chr. die sechste Leitung namens „Virgo". Augustus ließ um 2 v. Chr. die siebente Leitung vom Alsietinischen See für die Wasserversorgung des Amphitheaters errichten, um Seegefechte etc. veranstalten zu können.

Zur Zeit des Sextus Julius Frontinus (97 n. Chr., Curator aquarum von Rom) erreichten die Wasserleitungen eine Gesamtlänge von nicht weniger als 404 km (Abb. 18).

Die von den Kaisern Claudius und Trajan erbauten Aquädukte „Anio Novus" (87 km) und „Aqua Claudia" (69 km), welche auf weiten Strecken zusammen laufen, haben eine Gesamtlänge von 156 km.

Nach Frontinus wurde die Wasserversorgung Roms stark vernachlässigt und erst Theoderich der Große (454 – 526) ließ die Anlagen auf seine Kosten wiederherstellen. Im 6. Jahrhundert waren 14 Leitungen vorhanden; außer den

around 35 B.C. In 22 B.C., Agrippa had the sixth pipeline built; called Virgo, it was followed by the seventh of its kind around 2 B.C. The latter was constructed under Augustus from Lake Alsietinus to ensure water supply for the amphitheatre for holding re-enactments of naval combats ("naumachia"), etc.

In the time of Sextus Julius Frontinus, who was appointed curator aquarum of Rome in 97 A.D, the combined length of the city's water pipelines attained fully 404 km (Fig. 18).

Taken together, the aqueducts Anio Novus (87 km) and Aqua Claudia (69 km) built during the rule of the Emperors Claudius and Trajan, which share the same course along much of their length, are 156 km long.

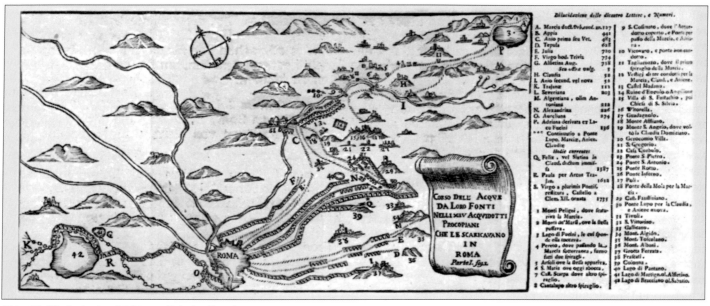

Abb. 18: Römische Aquädukte zur Zeit des Frontinus.

After Frontinus, Rome's water supply was severely neglected, and only Theodoric the Great (454-526) had the installations restored at his own expense. In the 6th century, 14 pipelines existed; in addition to those mentioned above, there were the aqueducts Trajana, Severiana, Antoniniana, Alexandrina (Hadriana) and Aureliana. Aqua Severiana, Antoniniana and Aureliana probably only branched off Aqua Claudia, Marcia and Trajana.

The aqueducts remained more or less untouched until 527, when Vitiges, King of the Ostrogoths, had them blocked to lay siege to the city. It was only after 1377, when the Papal court returned to Rome from its "Babylonian Captivity" in Avignon, that Aqua Virgo could finally be restored and put once more to use.

In his "Gothic War", Procopius, the Byzantine scholar working at the court of Justinian (6th century), reported: "The Goths … destroyed all aqueducts to prevent all water from reaching the city – for Rome has not fewer than 14 aqueducts …"

Aqueducts are high, usually narrow arches that are set close to each other and span a gap with the aim of transporting water. The first structures of this kind near Rome were constructed from large, square stone blocks. The apertures of the arches are framed by voussoirs and often additionally bolstered on the inside with brick infilling abutting against the lateral pillars. While no universal rules for aqueduct construction apply, we may say that each of the structures that have come down to us has its very own characteristics reflected in the choice of local construction materials. Two- and three-level aqueducts, which sometimes reach impressive heights, are particularly bold engineering feats. For example, at Rome's Porta Maggiore, not

bereits genannten existierten noch: Trajana, Severiana, Antoniana, Alexandrina (Hadriana) und Aureliana. Aqua Severiana, Antoniana und Aureliana waren offenbar nur Anzapfungen der Claudia, der Marcia und der Trajana.

Die Aquädukte blieben bis zum Jahre 527 mehr oder weniger gut erhalten, dann ließ Vitiges der Gotenkönig sie bei der Eroberung der Stadt unterbrechen. Erst nach 1377, als der päpstliche Hof aus dem „babylonischen Exil" (Avignon) nach Rom zurückkehrte, konnte die Leitung Aqua Virgo instandgesetzt und benützt werden.

Prokopius, der byzantinische Geschichtsschreiber am Hofe von Justinianus (6. Jh.), berichtet in seinem Werk „Gotenkrieg": „… Die Goten zerstörten alle Wasserleitungen, damit aus diesen kein Wasser mehr in die Stadt gelangen könne – es gibt nämlich in Rom nicht weniger als 14 Wasserzuleitungen …"

Aquädukte sind hohe und meistens schmale Bogen, die dicht aneinander anschließen und über eine Rinne hinweg führen. Die ersten Bauwerke dieser Art in der Nähe von Rom wurden aus großen Quadern erbaut. Die Bogenöffnungen sind mit Keilsteinen umsetzt und innen oft noch einmal durch eine Füllung aus Ziegelmauerwerk gestützt, die sich an die Seitenpfeiler anlehnt. Es lässt sich keine allgemein gültige Regel für den Bau von Aquädukten feststellen; man kann jedoch sagen, dass jedes der bis heute erhaltenen Bauwerke seine besonderen Eigenheiten aufweist, da man die gerade in der Nähe vorhandenen Baumaterialien verwendete. Kühne Konstruktionen sind die zwei- und dreigeschossigen Aquädukte, welche beträchtliche Höhen erreichen. So werden an der Porte maggiore in Rom in einem gewaltigen Bauwerk nicht weniger als fünf Wasserleitungen, und zwar die Marcia, Tepula, Julia, Claudia und die Anio Novus dahin geführt. Die Rinne, in der das Wasser geleitet wurde, ist fast immer übermauert, um Verunreinigung und Erwärmung des Wassers zu vermeiden.

Bemerkenswert ist, dass die Römer bereits eine Klärung des Wassers durch Absetzen lassen kannten. Das Quellwasser führte Schlamm und sonstige Sinkstoffe mit sich, die in Klärbassins (piscinae) ausfielen. Diese Bassins waren große gemauerte Behälter, in die das Wasser hineinlief und in denen es eine Zeitlang stand, ehe es abgeleitet wurde. Manchmal standen sogar zwei Behälter übereinander, die vom Wasser in verschiedener Weise durchlaufen werden mussten. In ein zweigeschossiges Piscina trat das Wasser von oben her ein, wurde durch ein Loch nach unten geleitet, von wo es zur nächsten Kammer strömte und hier in den oberen Teil aufstieg und mittels eines Überlaufes zur Versorgungsleitung der Stadt abfloss. Das Fassungsvermögen dieser in der Stadt erbauten Behälter ist gering und war höchstens so groß, dass sich das Wasser eine Stunde in den Kammern aufhalten konnte. Allerdings waren außerhalb der Stadt größere Behälter, die gleichzeitig als Kläranlagen und Speicher dienten. So hatte die Piscina mirabilis in Bajas eine Grundfläche von 200 mal 80 m. Am Albaner See bei Castel Gandolfo fand man ebenfalls Reste eines Behälters.

Die Aquädukte mündeten in Castellume (Wasserschlösser), die häufig drei Abteilungen besaßen. Aus den äußeren Kammern floss der Überschuss in die inneren, aus denen die öffentlichen Brunnen gespeist wurden. Von den Seitenbehältern aus wurden dagegen die Thermen und Privatanschlüsse versorgt. Die Überläufe für Private waren so hoch eingebaut, dass sie bei Wassermangel leerliefen, während die öffentlichen Brunnen noch immer Wasser erhielten.

Bei Leitungen mit stärkerem Gefälle wurde eine Art von Druckminderer (Reduzierventil) verwendet. Bei den Ausgrabungen in Pompeji wurde ein solcher Druckverminderer in Form zweier Pfeiler aufgefunden. Auf der Höhe der Pfeiler befand sich ein offener Behälter. Das durch ein Rohr hinauf geleitete Wasser strömte durch ein anderes

fewer than five aqueducts – Marcia, Tepula, Julia, Claudia and Anio Novus – converged in one powerful building. The conduit carrying the water was almost always bricked over to avoid water contamination and warming.

It is noteworthy that the Romans were already familiar with water purification through settling. Spring water carried mud and other sediments that were precipitated in settling basins (piscinae). These were large tanks done in brickwork, into which the water was fed and remained for some time before being discharged. Sometimes two such tanks were placed one atop the other, to direct the water along different routes: in these two-level piscinae, the water entered from the top, was diverted downward through an aperture, flowed into the next chamber and rose again into the upper section before being fed into the supply pipeline for Rome via an overfall. Tank capacity in the city was limited and only permitted a retention time of one hour in the chambers. However, larger reservoirs were built outside the city; these served both as purification plants and reservoirs. Thus the Piscina Mirabilis in Baiae boasted a surface area of 200 times 80 m. The remnants of another reservoir were unearthed on Lake Albano near Castel Gandolfo.

The aqueducts debouched into castella (literally „castles", i.e. distribution tanks) often composed of three sections. The excess water flowed from the outer chambers into the inner ones, from where the public wells were fed. Conversely, the lateral tanks supplied public baths (thermae) and private connections. The outlets for single users were located at a somewhat higher point; as a result, their supply was shut off during periods of water shortage while the public wells were still functioning.

For pipelines with a steeper gradient, a kind of pressure-reducing valve was used. Such a device taking the form of two pillars was found in the ruins of Pompeii. An open tank was mounted at the level of the pillars. The water transported upward in a pipe flowed on through another pipe; in this way, the water pressure was reduced to that resulting from the pillar height and the width of the second pipe.

From the castella, the water was conveyed to wells, public baths and houses in underground pipes made of clay, lead, wood or, more rarely, stone. Lead pipes were simply manufactured by bending two cast lead sheets around a former. Along the seam, the pipes with their oval or drop-shaped cross-section were welded with lead (Fig. 19). Before being put to use, the short pipes were flared at one end with a bolt-type utensil. The end of the next pipe section was then inserted into this funnel-shaped aperture, and the joint welded with lead. In his tests with Roman water pipes, Belgrand found that pipes with a wall thickness of 7 mm took on a

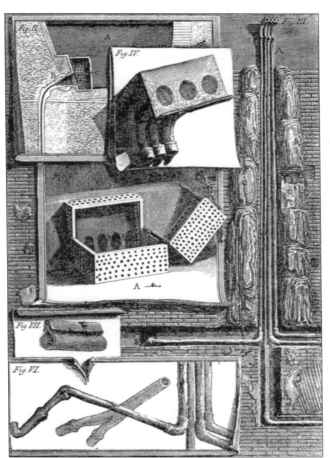

Abb. 19: Verschiedene Ausführungen von römischen Bleirohren.

weiter und hatte nur noch den durch die Höhe des Pfeilers und die Weite des zweiten Rohres bedingten Druck.

Vom Castellum aus wurde das Wasser unterirdisch in Röhren aus Ton, Blei, Holz oder seltener auch aus Stein zu den Brunnen, Thermen und Häusern geleitet. Bleirohre stellte man einfach so zusammen, indem sie um den Kern zusammengebogen wurden. Dafür wurden gegossene Platten aus Blech verwendet. An der Naht wurden die ovalen bzw. tropfenförmigen Rohre mit Blei zusammengelötet (Abb. 19). Vor Verwendung der kurzen Rohre wurden sie an einem Ende mit Hilfe eines dornenähnlichen Werkzeuges erweitert. In diese trichterförmige Öffnung wurde das nächste Rohrende hineingeschoben und der Zwischenraum mit Blei verlötet. Belgrand hat Versuche mit römischen Wasserleitungsrohren durchgeführt. Er stellte fest, dass Rohre von 7 mm Wandstärke bei einem Druck von 3 atü kreisförmig wurden und bei 8 atü eine vollkommene Form erreichten; erst bei 18 atü platzten sie.

Plinius der Ältere erwähnt um 65 die hölzernen Rohre: „Fichte, Rottanne und Erle werden zu Wasserleitungsrohren angebohrt. Unter der Erde bleiben sie viele Jahre hindurch brauchbar."

Abb. 20: Bleirohrbieger in einer Röhrenfabrik zu Rom.

In der Villa des Antoninus Pius zu Lanuvium fand man eine silberne Rohrleitung. Danach werden die Angaben des Dichters Statius bestätigt, der von einem Verschwender erzählt, welcher sich seine Hausleitungen aus Silberrohr herstellen ließ.

Vitruvius hält den Gebrauch der Tonrohre für vorteilhafter, da sie leichter als solche von Blei auswechselbar seien und außerdem das Wasser aus Bleileitungen ungesundes sei. Das Blei liefere Bleiweiß und das könne seiner Ansicht nach unmöglich gesund sein; sähen doch die Bleigießer immer schlecht aus. Außerdem – so berichtet er weiter – aber sei das Wasser aus tönernen Leitungen sicher wohlschmeckender, denn auch an Prachttafeln pflege man es nicht aus silbernen oder metallenen, sondern aus irdenen Gefäßen zu trinken.

Vitruvius Polio, Plinius und Frontinus berichten uns Näheres über die Bleirohre. Im Buch von Vitruvius lesen wir: „Diese dürfen nicht kürzer als 10 Fuß gegossen werden. Eine hundertzöllige Röhre muss bei solcher Länge 1.200

circular shape at 3 bar overpressure and attained perfect shape at 8 bar overpressure; they only burst at 18 bar overpressure.

Around 65 A.D., Pliny the Elder mentions wood pipes: "Fir, spruce and alder are hollowed out to make water pipes. Underground, they remain usable for many years."

A silver pipeline was found in the villa of Antoninus Pius at Lanuvium, confirming the poet Statius' writings about a spendthrift who actually had his house connections made of silver pipe.

Vitruvius considers the use of clay pipes preferable, since they can be more easily replaced than lead ones. He continues: "For it seems to be made injurious by lead, because white lead is produced by it, and this is said to be harmful to the human body. For example, workers in lead have poor complexions." Moreover, he adds, "Water is much more wholesome from earthenware pipes". Even rich citizens who owned a silver or metal service preferred to drink from earthenware vessels, he comments.

Vitruvius, Pliny and Frontinus write about lead pipes at some detail. Vitruvius notes: "The pipes should be cast at a length of at least 10 feet. If they are hundreds, they should weigh 1,200 pounds each length.". "… When a pipe is made from a plate 50 digits in width, it will be called a fifty".

However, most pipes were indeed made of lead; there existed veritable "factories" manufacturing lead pipes (Fig. 20). The pipes featured stamped or cast letters and symbols indicating the "logo" of the manufacturer, the name of the client and that of the consul in office. Starting in the 1st century A.D., a unified standard for pipes and nozzles with a diameter of 23 mm up to 228 mm was introduced.

Vitruvius and Pliny the Elder equalled the nominal width of the pipes with the width of the plates used. Frontinus graded the smaller pipe widths (up to NW 20), according to their clear width, by quarter-digit increments and the wider ones, depending on the clear cross-section, by square digit increments. Table II shows the standards applied for pipes and nozzles in ancient Rome.

While the Romans had mastered fractions, they did not use numerals but terms based on the duodecimal system.

According to this measurement system, a pipe with a nominal width of 25

$$5 + \frac{7}{12} + \frac{1}{24} + \frac{1}{72} + \frac{1}{288} \text{ Finger}$$

was referred to as having "digitos quadratos viginti quinque" and called a "25", i.e. "vicenum quinum". Towards the end of 96 A.D., Sextus Julius Frontinus (40-103 A.D.) was appointed curator aquarum, i.e. imperial water commissioner of the aqueducts. He was the scion of an aristocratic family of magistrates, who had fought in Britain and probably also in Germany. In the reign of Emperor Vespasian, he worked as a land surveyor; he also served three times as a consul. The curator aquarum was invariably chosen from among the senators, had the right to wear the toga praetexta with its broad crimson stripe and to occupy a place of honour in the Senate; his powers were equal to that of a censor, being one of the supreme magistrates in charge of construction matters. However, Frontinus was not entitled to grant water concessions, as this was the sole prerogative of the Emperor.

Pfund wiegen.". „… Die aus einer 50 Zoll breiten Platte verfertigte Röhre wird ein 50-zölliges Rohr".

Hauptsächlich wurden aber doch Leitungen aus Blei angefertigt und es waren regelrechte „Fabriken" vorhanden, die Bleirohre erzeugten (Abb. 20). Die Rohre trugen Stempel oder eingegossene Schriftzeichen, die das Zeichen des Erzeugers, den Namen des Auftraggebers und jenen des Consuls enthielten. Ab dem Beginn des 1.Jahrhunderts wurde sogar eine Vereinheitlichung (Norm) für Rohre und Düsen von 23 bis 228 mm Durchmesser eingeführt. Vitruvius und Plinius der Ältere gaben die Nennweiten der Rohre als die Breiten der verarbeiteten Platten an. Frontinus stufte die kleineren Rohrweiten (bis NW 20) nach der lichten Weite in „Viertel Finger", die größeren dem freien Querschnitt nach in Quadratfinger ein. Aus Tabelle II ersieht man die Normung für Rohre und Düsen im antiken Rom.

Die Römer kannten zwar das Rechnen mit Brüchen, aber sie verwendeten nicht Ziffern, sondern gaben ihnen Namen, die auf dem Duodezimal-System aufgebaut waren.

Ein Rohr mit einer Nennweite von 25 hatte nach diesem Maßsystem einen Durchmesser von

$$5 + \frac{7}{12} + \frac{1}{24} + \frac{1}{72} + \frac{1}{288} \text{ Finger}$$

In Worten ausgedrückt: „digitos quadratos viginti quinque". Gegen Ende des Jahres 96 wurde Sextus Julius Frontinus (40 – 103 n. Chr.) zum Curator aquarum, d. h. zum Kaiserlichen Verwalter der Wasserwerke Rom, ernannt. Er entstammte dem Beamtenadel, kämpfte in Britannien, wahrscheinlich auch in Germanien. Unter Kaiser Vespasian betätigte er sich als Feldmesser, außerdem war er dreimal Konsul. Der Curator aciuarum ging aus den Reihen des Senats hervor, durfte die Toga praetexta, d. h. die

Tabelle 2
Römische Normen für Rohre und Messdüsen

Nennweiten der Rohre und Messdüsen	nach Vitruv und Plinius		nach Frontinus		
	Umfang in „Finger"	Innendurchmesser in mm (errechnet)	Innendurchmesser in mm (um „Finger" gerechnet)		Querschnitt in „Quadratfinger" **	Durchfluss in „Quinarien" ***
5	5	29,4	5/4	23,1	1,23	1
6	6	35,3	6/4	27,8	1,77	1,45
8	8	47,2	8/4	37,0	3,14	2,56
10	10	58,8	10/4	46,3	4,91	4
15	15	88,4	15/4	69,4	11,04	9
20	20	117,9	20/4	92,5	19,63 = ~ 20	16
30	30	176,9	6,18	114,3	30	24,45
40	40	236,4	7,14	132,1	40	32,58
50	50	294,5	7,98	147,6	50	40,73
60	60	353,5	8,74	161,7	60	48,87
70	70	412,4	9,44	174,6	70	57,05
80	80	471,4	10,09	186,7	80	65,17
90	90	530,2	10,70	198,0	90	73,31
100	100	589,2	11,28	208,7	100	81,45
120	120	707,1	12,36	228,7	120	97,75

*   1 altrömischer Finger digitus = 1/16 Fuß = 18,5 mm
**   1 alrömischer Quadratfinger (digitus quadratus) = 3,433 cm^2
*** 1 Quinarie quinaria) = etwa 1,36 m^3/h (Mittelwert)

In those days, Rome's water supply was in very precarious conditions. The curator aquarum did his utmost to improve the dilapidated state of the pipeline; he supervised repairs, exposed cases of water theft and monitored water losses. In one of his books, he also describes the Roman aqueducts.

Water was drawn from wells built in the streets; inside houses, there were wells with running water or taps. Street fountains were often provided with an interesting small tank next to the outlet (Fig. 21), causing the water to flow first into the tank and only then into the fountain proper. In case of simpler models, the water ascended through a water pipe housed in a small, solid but perforated pillar. This pipe ended in an outlet frequently decorated with ornate reliefs. Below there was a basin hewn from stone blocks linked by clamps. Excess water exited through a spillway at the front end of the basin.

In a later era, it was attempted to counteract wasteful water consumption by installing taps at pipe outlets. As a result, a variety of stop devices for pipelines, such as taps, spigots, etc., have come down to us from Roman times. Fig. 22 shows a tap from the palace of Emperor Tiberius (ruled 14-37 A.D.) on the island of Capri. The pipe was shut off

Abb. 21: Brunnen mit einem Wasserschloss im Pompeji.

Toga mit der Purpurkante tragen, hatte das Recht auf einen Ehrenplatz im Senat und hatte die Befugnisse eines Censors. Er war einer der höchsten Verwaltungsbeamten des Bauwesens. Allerdings durfte Frontinus keine Wasserkonzession erteilen; dies stand nur dem Imperator zu.

Zu jener Zeit war die Wasserversorgung Roms in einem sehr bedenklichen Zustand. Der Curator aquarum versuchte alles, um den desolaten Zustand der Leitungen zu verbessern; er überwachte die Reparaturen, deckte die Wasserdiebstähle auf und erfasste die Wasserverluste. In einem seiner Bücher beschreibt er die Wasserleitungen der Stadt.

Das Wasser holten die Römer damals aus in den Straßen errichteten Brunnen; in den Häusern entnahm man es aus fließenden Brunnen, oder aus Zapfhähnen. Häufig hatten die Straßenbrunnen ein interessantes kleineres Wasserschloss, das neben dem Ausfluss stand (Abb. 21), so dass das Wasser immer erst vom Wasserschloss in den Brunnen floss. Bei einfacheren Brunnen strömte das Wasser durch ein Wasserleitungsrohr, das in einer Durchbohrung eines kleinen massiven Pfeilers untergebracht war, hoch. Das Rohr mündete in einen Ausguss, der häufig mit kunstvollen Reliefs verziert war. Unter ihm befand sich ein Bassin, das aus Hausteinen hergestellt war und mit Klammern verbunden wurde. Das überschüssige Wasser floss am vorderen Ende des Bassins durch einen Überlauf ab.

Später versuchte man durch das Verwenden eines Zapfhahnes in der Mündung der Leitung den übermäßigen Wasserverbrauch zu steuern. Verschiedene Absperrorgane der Leitungen, wie Zapfhähne, Leitungshähne usw. sind uns aus der Zeit des Imperium Romanum erhalten geblieben. Die Abb. 22 zeigt einen Hahn aus dem Palast des Caesars Tiberius (14 – 37 n. Chr.) auf Capri. Das Rohr wurde durch Drehen des mittleren Teiles gesperrt bzw. geöffnet. Die Hähne hatten zylindrische Küken aus Bronze, deren Boden mit Blei vergossen war. Hausanschlüsse gab es in der Republik nur für Bevorzugte, später konnte jedermann eine eigene Leitung legen lassen, musste jedoch um eine Konzession ansuchen, die vom Kaiser selbst auf Lebenszeit erteilt wurde. Es gab dann auch Ausführungsbestimmungen für Privatanschlüsse, und zwar:

1. Die Anschlussstelle am Wasserschluss wurde vom Wasserwerk bestimmt.
2. Unmittelbar am Behälter musste eine geeichte und gestempelte Düse eingebaut werden, die senkrecht zur Wand angebracht wurde.
3. Unmittelbar an die Düse musste eine Rohrleitung gleichen Durchmessers von mindestens 15 m Länge angesetzt werden.

Wassermangel trat auch bei antiken Versorgungen auf. Die Ursachen waren hydrologischer Art oder auf Undichtheiten der Leitungen zurückzuführen. Da keine Reserven vorhanden waren, versuchte man, sich durch Sperren der Privatanschlüsse oder durch Sperrstunden zu helfen. Das Bezahlen des Wassers erfolgte im alten Rom nach einem bestimmten System, dessen Einheit das „Quinari-

Abb. 22: Wasserleitungshahn aus dem Palast des Tiberius in Capri.

or turned on by rotating the central section. The taps featured cylindrical bronze plugs with bottoms done in cast lead.

In the time of the Roman Republic, private connections to the water network were only available to persons of rank; later on, any citizen could have a private connection laid; however, this required applying for a concession, which was granted by the Emperor himself for life. Regulatory statutes governed the installation of private connections as follows:

1. The connection point to the supply system (i.e. the local reservoir) was determined by the water authority.
2. A calibrated and stamped nozzle had to be installed directly on the reservoir, vertically to the wall.
3. A pipe of the same diameter of at least 15 m length had to be connected directly at the nozzle.

Water shortages were no rarity in ancient supply systems, being caused by hydrological conditions or pipe leakage. Since reserves were not available, such emergencies were addressed by shutting off private connections or imposing limited hours of supply. In ancient Rome, water tariffs were calculated on the basis of a specific system whose unit was called quinarius. The quinarius was named after an eponymous small silver coin and corresponded to the water volume flowing in a certain period of time through a vertical pipe of 3 cm diameter and 30 cm length, with a water head of 33 cm above the inflow point.

Various kinds of fraud involving water were very common in Frontinus' time. As a result, Frontinus imposed draconian penalties for such misdemeanours as water theft and a bevy of other negligent acts. Frequent inspections and precise instructions that even extended to individual workers enabled Frontinus to improve the condition of the aqueducts, piscinae and smaller tanks. During repairs, he had defective pipeline sections bridged by means of lead conduits.

He had roads dug up and illegally installed house connections removed. The lead used for these was seized and employed in public works. Substantial penalties were imposed for water theft. Contamination of the system with excrement entailed a fine of 10,000 sesterces, half of which was deposited in the state treasury, while the other half was given as a reward to the accuser.

Many unstamped nozzles were installed in illegal connections, a stratagem made possible by bribing magistrates and plumbers. Under Frontinus' administration, the water authority employed its own workforce; specialised entrepreneurs were only called in for more extensive projects. Moreover, when a concession had expired with the death of its owner, the heirs often tried to tacitly continue using the connection. Where a concession was transferred to a new owner, a new connection was likewise installed without dismantling the old one.

Since the water supply of the city was difficult to maintain due to these numerous potential impairments, Frontinus dedicated himself painstakingly to the close monitoring of water losses and water consumption.

Smart technical solutions, too, were available; thus lead pipes subjected to higher operating pressure

us" war. Das Quinarius war nach einer Silbermünze gleichen Namens benannt und entsprach der Wassermenge, die in einer Zeiteinheit durch ein senkrechtes, 30 cm langes Rohr von 3 cm Durchmesser floss, über dessen Zufluss eine Wassersäule von 33 cm Höhe ruhte.

Zur Zeit des Frontinus waren allerlei Betrügereien mit Wasser an der Tagesordnung. Er bedrohte die Verfehlungen – Wasserdiebstahl und diverse Schlampereien – mit drakonischen Strafen. Durch häufige Inspektionen und genaue Anweisungen, die sich sogar auf einzelne Arbeiter erstreckten, verbesserte er den Zustand der Aquädukte, der Piscinae und der kleinen Wasserschlösser. Während der Reparaturarbeiten ließ er schadhafte Stellen der Kanäle durch Gerinne aus Blei überbrücken.

Er ließ die Straßen aufgraben und die verbotenerweise angeschlossenen Hauszuleitungen entfernen. Das Blei wurde beschlagnahmt und für öffentliche Zwecke verwendet. Bei Wasserdiebstahl verhängte er empfindliche Strafen. Die Verunreinigung der Anlage kostete 10.000 Sesterzen, wovon eine Hälfte dem Staat, die andere dem Anzeiger zugesprochen wurde.

Viele ungestempelte Düsen wurden für nicht genehmigte Anschlüsse eingebaut, was durch Bestechung der Beamten und Installateure möglich war. Unter Frontinus hatten die Wasserwerke eigene Arbeiter, nur für umfangreichere Arbeiten wurden fachkundige Unternehmer herangezogen. Außerdem versuchte man damals, wenn die Konzession mit dem Tode des Inhabers erloschen war, die Anschlüsse stillschweigend weiter zu benützen. Bei Übertragung einer Bezugsgenehmigung auf einen neuen Besitzer wurde auch ein neuer Anschluss installiert, der alte aber nicht wieder ausgebaut.

Da die Versorgung der Stadt infolge so vieler Einbußen nur mit Mühe aufrecht zu erhalten war, wandte Frontinus große Sorgfalt an, die Wasserverluste und den Verbrauch genau zu erfassen.

Man kannte auch technische Kniffe; so wurden Bleirohre, die einen höheren Betriebsdruck auszuhalten hatten, in Mörtel eingebettet. Um Wasserschläge bei scharfen Krümmungen zu vermeiden, wurden schlanke Bogen konstruiert. Außerdem wussten die alten Römer schon, dass Leitungen, die in Betrieb genommen werden sollten, nur langsam angefahren werden durften. Allerdings fehlten noch die eindeutig definierten Begriffe, wie Druck, Geschwindigkeit, Menge pro Zeiteinheit usw.; diese wurden erst ab dem 17. Jahrhundert in die Hydraulik eingeführt. Frontinus schildert seine Beobachtungen mit folgenden Worten: „… Denken wir daran, dass jedes Wasser, das von einem höheren Ort kommt und sich nach einem kürzeren Lauf in ein Wasserschloss ergießt, nicht nur sein Maß erreicht, sondern es sogar noch überschreitet. Wird es dagegen von einem niedrigen Ausgangspunkt, d. h. mit geringerem Druck einen ziemlich langen Weg fortgeleitet, so verliert es durch die Trägheit des Wasserstromes sogar noch an Maß, so dass gemäß diesem Abhängigkeitsverhältnis eine Vergrößerung oder Verringerung (des Querschnittes) notwendig ist."

Spuren von Wasserversorgungsanlagen fand man überall auf dem Gebiet des römischen Weltreiches. Sehr intensiv wurden die Brunnen des römischen Castells Saalburg erforscht. Die ganze Versorgung geschah dort mit Ziehbrunnen. In der vor der militärischen Befestigung gelegenen Ansiedlung fand man eine Menge von Schöpfbrunnen. Fast hinter jedem Haus war einer erbaut und auch im Castell selbst sind solche Brunnen vorhanden. Es wurden 90 Brunnen aus verschiedenen Perioden ausgegraben. Die ältesten waren mit Holz verschalt, später wurden sie gemauert und ungefähr zur Brusthöhe hinaufgeführt. Vor Verschmutzung wurden die Brunnen durch ein darüber angebrachtes Holzdach geschützt. Man hatte außerdem auch verschiedene Quellen gefasst und ihre Spenden durch Holzrohre zu den Verbrauchern geleitet.

were embedded in cement. Water hammers caused by sharp bends were to be avoided by looped piping. Moreover, the Romans were aware that new pipelines about to take up operation should be eased in slowly. What was still lacking was an unambiguous terminology for concepts like pressure, velocity, quantity per time unit, etc.; these were introduced into hydraulics only from the 17th century onward. Frontinus closes his observations as follows: "… Let us remember that every stream of water, whenever it comes from a higher point and flows into a reservoir after a short run, not only comes up to its measure, but actually yields a surplus; but whenever it comes from a lower point, that is, under less pressure, and is conducted a longer distance, it shrinks in volume, owing to the resistance of its conduit; and that therefore, on this principle, it needs either a check or help in its discharge."

Remnants of water supply systems have been unearthed across all lands formerly part of the Roman Empire. The wells of the Roman fort Saalburg were researched with particular thoroughness. Here supply was entirely achieved by means of draw-wells, many of which were found in the village situated next to the military encampment. There was one in the rear of practically every house, and the fort itself also used such wells. A total of 90 wells from different periods were discovered. The oldest ones were wood-lined; later, masonry was used, and the wells reached up to roughly chest height. The wells were protected against contamination by wooden roofing. Moreover, a number of springs were harnessed, conducting their yield in wood pipes to the end consumers. These wood pipes were manufactured using long core drills and linked by means of metal rings. In Wiesbaden, Hofheim, Hederheim and Saalburg – all former Roman forts –, iron clamps (diameter: 10 cm) with a central rib were found (referred to as "Büchse" in German); until not too long ago, they were used for connecting wood pipes.

Vestiges of important aqueducts were also discovered in other provinces of the Roman Empire. One of the most magnificent structures was erected in 8 B.C. in Gaul – the three-level Pont du Gard near Nîmes (height: 57.5 m). Originally, this aqueduct was used to carry a water pipeline. The arches are built in segments meeting at an obtuse angle and constructed from solid blocks of stone. Nine culverts with operating pressures of up to 12 bar overpressure were discovered near Lyons.

The most famous Roman spring pipeline in today's Germany, which transported water from the Eifel hills to what today is Cologne, had a total length of 105 km. The main pipeline from Urft to Hermülheim was 79 km long in its own right. The main spring tapped for the pipeline was probably situated near Kallmuth, since a well chamber of substantial dimensions was unearthed there after the Second World War. The mortar used is of enormous consistency, and the sheer lifespan of these structures is indeed amazing.

There exists only scant information about the oldest water supply system of Vindobona, modern-day Vienna. The town garrisoned the X and XIII legions, which – like any other larger settlement on Roman territory – obviously needed substantial quantities of water. The finds lead to assume that two spring pipelines were built. One pipeline seems to have issued from the area of Gumpoldskirchen and run via Liesing, Atzgersdorf and Mauer; it was probably also connected to the Hercules Springs in Perch-

Diese Holzrohre wurden mit langen Röhrenbohrern hergestellt und durch Metallringe miteinander verbunden. In Wiesbaden, Hofheim, Hederheim und Saalburg, in ehemaligen Castellen also, fand man eiserne Riefen (Durchmesser 10 cm) mit einer Rippe in der Mitte, sogenannte „Büchsen", wie sie zur Verbindung hölzerner Rohre bis vor kurzem gebraucht wurden.

Reste bedeutender Aquädukte wurden auch in anderen Provinzen des Imperium Romanum aufgedeckt. In Gallien wurde im Jahre 8 v. Chr. eine der hervorragendsten Anlagen, der dreigeschossige Pont du Gard bei Nîmes (57,5 m Höhe) erbaut. Dieses Aquädukt diente ursprünglich für die Überführung einer Wasserleitung. Die Gewölbe bestehen aus stumpf aufeinander stoßenden Bogenstücken, welche aus durchgehenden Quadern gebildet sind. Bei Lyon entdeckte man 9 Düker mit Betriebsdrucken bis zu 12 atü.

Die bekannteste römische Quellwasserleitung in Deutschland, welche aus der Eifel nach Köln geführt wurde, hatte eine Gesamtlänge von 105 km. Die Hauptleitung von Urft – Hermülheim war allein 79 km lang. Die Hauptquelle für diese Leitung dürfte bei Kallmuth gelegen haben, wo nach dem 2. Weltkrieg eine Quellstube mit beachtlichen Ausmaßen freigelegt wurde. Der verwendete Mörtel weist eine enorme Festigkeit auf und es ist erstaunlich, welche Lebensdauer diese Bauten haben.

Über die älteste Wasserversorgung in Vindobona, dem jetzigen Wien, haben wir nur spärliche Anhaltspunkte. Die Stadt war der Standort der X. und XIII. Legion und wie überall auf dem Gebiete des römischen Adlers benötigte man größere Wassermengen. Aus den Funden kann man annehmen, dass zwei Quellwasserleitungen bestanden haben. Eine Leitung scheint aus der Gegend von Gumpoldskirchen über Liesing, Atzgersdorf und Mauer geführt zu haben. Sie dürfte auch mit der Herculesquelle in Perchtoldsdorf in Verbindung gestanden sein. Auf diese Wasserleitung deuten die Reste von Kanälen mit quadratischem Querschnitt, welche an mehreren Stellen Wiens gefunden wurden. Aus den Funden ergibt sich, dass die Leitung neben der Straße der Römer beim Trattnerhof im heutigen 1. Wiener Gemeindebezirk in die Stadt geführt wurde. Teile von Röhren und Ziegeln weisen darauf hin, dass eine zweite Leitung im Raume des heutigen Hernals bestanden hat.

Wie überall, so wurde auch in Vindobona das Wasser zum Teil für Badeanstalten verwendet. Man grub Reste eines Hypocaustum (unterirdische Vorrichtung für Luftheizungen) aus. Diese Anlage verfiel dann wahrscheinlich während der Völkerwanderung.

Unter der Bezeichnung Ak-Ink, die „reichliches Wasser" bedeuten soll, hatten die Kelten auf dem Gebiete des heutigen Alt-Ofen (ein Bezirk von Budapest) eine Siedlung. Die Schüttungen von Quellen der umgebenden Berghänge lieferten das Wasser. Die Römer, die diese keltischen Stämme unterwarfen, errichteten einen 5 km langen Aquädukt zum Standort der Legion und Siedlung, welche sie Aquincum nannten.

Um das Jahr 77 berichtete Plinius der Ältere, dass man das Trinkwasser durch Wolle filtrieren könne.

Um 25 v. Chr. erschien eine Schrift von Vitruvius, worin er über Schöpfwerke, Wasserräder u. a. berichtet. Ursprünglich wurde das Wasser mit einem Schöpfeimer, der an einem langen Seil hing, aus dem Brunnen gehoben. Das Seil wurde über eine Welle gelegt. Dieses Prinzip wurde laufend vervollkommnet. Bereits um 1500 v. Chr. war die Seilrolle in Mesopotamien bekannt.

In Pompeji hat man auch Reste von drei Wasserschöpfwerken ausgegraben, die uns ausführliche Kenntnisse über den Mechanismus vermitteln. Der Brunnenschacht war etwa 30 m tief und ausgemauert. Das Schöpfwerk war mit einer hölzernen Winde ausgerüstet; das Seil, an dem die Eimer hingen, lief vermutlich über eine Kreuz-

toldsdorf. Vestiges of conduits with square cross-sections found at several points in modern-day Vienna point towards this pipeline. The finds indicate that the pipeline entered the city next to the Roman road at Trattnerhof (today's 1st municipal district). Fragments of pipes and bricks suggest that another pipeline existed in the area of today's 17th municipal district Hernals.

As was the custom, part of the water was used for Vindobona's public baths. Ruins of a hypocaust (underfloor room heating system) were found, although this installation probably fell into decay during the Migration Period.

A Celtic settlement called Ak-Ink (Plentiful Water) apparently existed in the area today occupied by Óbuda (a district of Budapest). Water was likely provided by the ample yield of springs emerging in the surrounding hills. When the Romans subdued these Celtic tribes, they built an aqueduct of 5 km length supplying the military encampment and its settlement, which they called Aquincum.

Pliny the Elder reports around 77 A.D. that drinking water could be filtered through wool.

Around 25 B.C., Vitruvius published a book on water-raising devices, water-wheels, etc. Originally, the water was lifted from the well by means of a bucket hanging from a long rope passing over a guide pulley. This principle was continuously perfected. Pulleys were already known in Mesopotamia circa 1500 B.C.

The remnants of three water-raising stations were excavated in Pompeii, providing us with detailed insight into the mechanism applied. The well shaft was about 30 m deep and done in masonry. The elevator disposed of a wooden winch; the rope carrying the buckets probably passed across a windlass of the type found at Herculaneum. The chain wheels were cogged; a suitable tread-wheel operated by prisoners of war was used to drive the mechanism. The Romans also used water-raising devices in their Spanish mines.

The water-wheel is described by Vitruvius as follows, "Wheels on rivers are constructed upon the same principles as those just described (i.e. tread-wheels). Round their circumference are fixed paddles, which, when acted upon by the force of the current, drive the wheel round, receive the water in the buckets and carry it to the top without the aid of treading; thus by the mere impulse of the stream supplying what is required. Water mills are turned on the same principle …"

Almost all cities of the Roman Empire were provided with magnificent baths and thermal establishments. Such public baths were primarily composed of the following facilities: apodyterium (changing room), frigidarium (cold bath), sudatorium (caldarium, hot/sweating bath) and tepidarium (appropriately, a tepid room to rest after sweating). In addition, all installations needed to heat these rooms were in place as well. Vitruvius offers a description of how baths should be designed to allow for efficient heat regulation.

These splendid thermae not only served the purpose of public baths but were also hubs of culture. Before sunrise, young men met for physical exercise and competitions; athletes worked out, and older visitors enjoyed colonnaded walks with numerous benches. Philosophers gave lectures, and the libraries housed here could be freely consulted during the opening hours of the baths.

In later periods, spacious country estates were built in the direct vicinity of larger cities and provided

haspel, wie sie bei Herculaneum gefunden wurde. Die Kettenräder hatten Zähne, als Antrieb benützte man ein geeignetes Tretrad, welches von Kriegsgefangenen betätigt wurde. Schöpfwerke verwendeten die Römer auch in den spanischen Bergwerken, um das Wasser zu heben.

Über das Wasserrad schreibt Vitruvius: „Man macht in Flüssen Schöpfräder auf dieselbe Weise, wie das oben beschrieben ist (d. h. Treträder). Nur befestigt man außen an den Schöpfrädern Schaufeln, welche von dem Andrange des Wassers gefasst, durch ihr Vorwärtsgehen die Räder zwingen, sich zu drehen und so in dem Kästchen das Wasser schöpfend und nach oben bringend, leisten sie ohne die Arbeit des Tretens, durch die Strömung des Flusses selbst umgedreht, die nötigen Dienste. Auf dieselbe Weise werden auch die Wassermühlen getrieben …"

Großartige Bäder und Thermen fand man in fast allen Städten des Römischen Weltreiches. Eine solche Badeanlage enthielt hauptsächlich folgende Teile: Apodyterium (Kleiderraum), Frigidarium (das kalte Bad), Sudatorium (Caldarium, das Schwitzbad) und das Tepidarium (einen halbwarmen Raum, in dem man sich nach dem Schwitzbad ausruhte). Hierzu kamen die zur Heizung dienenden Einrichtungen. Vitruvius beschreibt auch, wie ein Bad wegen der Regulierung der Hitze beschaffen sein muss.

Die herrlichen Thermen waren zu jener Zeit nicht nur Badeanstalten, sondern gleichzeitig auch Kulturzentren. Vor Sonnenaufgang trafen sich dort die jungen Männer zu sportlichen Übungen und Kämpfen, Athleten trainierten und für die älteren Leute waren Kolonaden mit vielen Bänken eingerichtet. Die Philosophen hielten hier ihre Vorlesungen und die in diesen Gebäuden untergebrachten Bibliotheken waren jederzeit geöffnet.

Später wurden weitläufige Landhäuser in der Umgebung der größeren Städte gebaut und in immer reicherem Maße ausgestattet. So erzählt Plinius der Jüngere (62 – 113

n. Chr.) von seinen beiden Landsitzen; einer davon war mit einem offenen Schwimmbassin ausgestattet und große zweifenstrige Zimmer sowie ein Garten und Brunnen etc. machten den Aufenthalt angenehm.

Die technischen Einrichtungen der römischen Kanalisation schließen sich im allgemeinen den griechischen an. Unter der „Weltherrschaft" der Römer legte man auch in den Provinzstädten Kanalisationsanlagen an, ja sogar Kastelle, d. h. Feldlager, versah man damit. Die Cloaca maxima, die Entwässerungsanlage von Rom, ist bis heute erhalten geblieben. Sie war wohl am Anfang offen und wurde erst später überdeckt. Man nimmt an, dass sie zuerst der Entwässerung des Bodens gedient haben dürfte, da zwischen dem kapitolischen, palatinischen und dem esquilinischen Hügel die Talsenkung sumpfig war. Man hat wohl zuerst die kleinen, zum Tiber fließenden Bäche reguliert und sie mit seitlichen Zuleitungen versehen, um das gesammelte Wasser abzuleiten. Später dürfte man dazu auch das Abwasser eingelassen haben. Der aufsteigende Geruch hat wahrscheinlich die Bewohner dieser Stadtteile sehr belästigt, so dass man sich entschloss, die ganze Anlage zuzudecken.

Vom fünften Staatsoberhaupt Roms, Tarquinius Priscus (616 – 578 v. Chr.), soll die Cloaca maxima der Überlieferung nach errichtet worden sein. Wahrscheinlich haben schon die Etrusker mit der Abwasserleitung begonnen. Die uns bekannte Form dürfte aber etwas jünger sein und aus den Tagen der Republik stammen. Im Jahre 1842 studierte eine britische Kommission das Kanalnetz; es war damals besser, als alles was Großbritannien aufzuweisen hatte.

Schon die Etrusker legten auf die Reinhaltung ihrer Städte großen Wert und trafen entsprechende Vorkehrungen. So finden wir Reste von Entwässerungsanlagen in Faesolae, Graviscae und Marzabotto, um nur einige zu nennen.

with increasingly rich furnishings. Pliny the Younger (62-113 A.D.) describes his two properties in the country: one boasted an open swimming-pool, and large rooms with two windows each, a garden, fountains, etc. rendered each stay a pleasure.

The technical installations of Roman sewer systems largely mirror those of the Greeks. Under Roman hegemony, even provincial towns, military camps and forts were given sewer networks. The Cloaca Maxima, Rome's great sewer system, has been preserved through the millennia. In the beginning, it was probably uncovered, being tunnelled over at a later date. It seems likely that it served first for soil drainage, since the valley bottom between the Capitol, Palatine and Esquiline was marshy. In all probability, the small creeks flowing towards the Tiber were first trained and provided with lateral feeders to channel off the collected water. Later on, wastewater was probably introduced as well. The resulting unpleasant odours likely bothered the local residents so much that it was decided to cover the entire conduit system.

According to tradition, the Cloaca Maxima was constructed on the orders of the fifth King of Rome, Lucius Tarquinius Priscus (616-578 B.C.). It is thought that work on the Great Sewer was initiated by the Etruscans. However, the structures we know today date from a somewhat later – i.e. the Republican – period. A British commission studied the sewer network in 1842 and concluded that it was superior to anything existing in Britain at the time.

Already the Etruscans were highly interested in keeping their cities clean and took corresponding steps to ensure this. Thus vestiges of drainage systems were found in Faesolae, Graviscae and Marzabotto, to name just a few.

The dimensions of the Cloaca Maxima vary markedly; its cross-section increases towards the Tiber. The bed of the sewer is composed of a frequently used arrangement of polygonal lava stone in three or four layers; the blocks are 2.50 m long, 80 cm high and 1 m wide. They were laid without mortar and secured with iron clamps inlaid with lead. The vault is a barrel vault constructed by using falsework and composed of voussoirs laid in seven to nine layers. The width of the sewer changes continuously. Numerous sections indicate where the Cloaca Maxima was only covered with massive stone slabs that can still be easily removed, disclosing a view of the water flowing below. Some spots feature brick vaulting. All this shows that the Cloaca Maxima was built over several time periods and according to different principles. This notion is reinforced by the fact that shafts ascend to the surface at greatly varying points and present different longitudinal sections and apertures.
The water authority of the city of Rome was obligated to "stock" a certain excess volume of water at any time to provide for sewer cleaning. According to Cassius Dio, the aedile Agrippa had the sewers of the city cleaned at his own expense in 721 (32 B.C.). For this purpose, he opened the locks, which dammed the water conveyed to Rome through the aqueducts, of seven reservoirs and had the water flow into the subterranean sewer vaults in seven currents. The hurtling water carried off all sludge and dirt accumulated on the walls. Afterwards, Agrippa boarded a boat and travelled through the cleaned sewers until their debouchment into the Tiber.
Frontinus stated: "I desire that no one shall draw excess water except those who have permission to do so by grants from me or my predecessors," and continues: "For there must necessarily be some

Die Abmessungen der Cloaca maxima sind sehr verschieden; der Querschnitt wird umso größer, je näher man zum Tiber kommt. Die Sohle der Cloaca besteht aus den oft verwendeten Polygonsteinen aus Lava, die drei bis vier Schichten übereinander liegen; 2,50 m lang, 80 cm hoch und 1 m breit sind diese Blöcke. Man hat die Steine ohne Mörtel verlegt und sie mit Eisenklammern, die mit Blei eingegossen wurden, befestigt. Das Gewölbe ist als Tonnengewölbe errichtet, ist über einem Lehrgerüst ausgeführt und besteht aus Keilsteinen, die in sieben- bis neunfacher Schicht liegen. Die Kanalbreite wechselt ständig. Häufig lassen Teilstücke erkennen, dass die Cloaca nur mit starken Steinplatten bedeckt war, die heute noch leicht abgehoben werden können, wodurch ein Blick auf das dahin strömende Wasser möglich ist. An manchen Stellen ist das Gewölbe aus Ziegeln hergestellt.
All das zeigt, dass die Cloaca maxima zu verschiedenen Zeiten und nach verschiedenen Gesichtspunkten gebaut wurde. Diese Ansicht wird dadurch untermauert, dass die Schächte verschiedentlich in die Höhe führen und der Längsschnitt sowie die Öffnungen voneinander abweichen.
Die Verwaltung der Wasserwerke Roms war verpflichtet, jederzeit einen bestimmten Überschuss an Wasser für die Kloakenreinigung zur Verfügung zu halten. Nach Dio Cassius ließ im Jahre 721 (32 v. Chr.) der Aedil Agrippa die Kloaken der Stadt auf seine Kosten reinigen. Zu diesem Zweck öffnete er die Schleusen, welche in sieben Reservoiren, die das nach Rom durch die Aquädukte geführte Wasser aufspeicherten und ließ es in 7 Bächen in die unterirdischen Gewölbe der Kanäle einströmen. Die sich heftig hinunterstürzenden Wasser rissen allen abgelagerten Schmutz und Unrat mit sich. Nachher durchfuhr Agrippa in einem Boot die gereinigten Kloaken bis zu ihrer Mündung im Tiber.

Frontinus verfügte: „Ich will, dass niemand überschüssiges Wasser ableitet, wenn er hierzu nicht meine besondere Erlaubnis oder diejenige meiner Vorgänger erhalten hat; Nam necesse est ex castellinis aliquam partem aquae effluere, cum hoc pertineat non solum ad urbis nostrae salubritatem, sed etiam ad utilitatem cloacarum abluendarum".

Er berichtet weiter, dass zur Instandhaltung der Kanäle entsprechende Verordnungen vorhanden waren.

Wie schon genannt, hatten auch die Provinzstädte ihre Kanalsysteme, so z. B. die Stadt bzw. das Castel von Saalburg bei Homburg v. d. Höhe (um das Ende des 1. Jh.), Die Abwasser flossen hier durch kleinere und größere Kanäle, die teilweise holzverschalt, teilweise ausgemauert waren. Manche von diesen Gräben leisten noch heute gute Dienste, um das Innere der Anlage trocken zu halten.

Wahrscheinlich haben die Römer von den Griechen die Abtritte mit Wasserspülung übernommen. Zur Zeit Diokletians (284 – 305 n. Chr.) hatte Rom 144 öffentliche Abtritte; ein großer Teil davon hatte eine Wasserspülung. Am Forum civile zu Pompeji fand man einen derartigen öffentlichen Abtritt, der aus einem Vor- und einem Hauptraum bestand. Drei Seiten des Hauptraumes waren mit den Gelegenheiten ausgestattet, welche über einem am Boden dieser drei Seiten herumgeführten Kanals lagen. Das Wasser floss von der linken hinteren Ecke aus einer Öffnung in den Kanal ein und auf der anderen Seite ab. In den größeren Thermen Pompejis wurde ein ähnlicher Abort nachgewiesen. Bei den Ausgrabungen in Puteoli (im Jahre 1850) hielt man eine derartige Anlage für einen Tempel, weil die in dieser Hinsicht nicht verwöhnten damaligen Gelehrten überhaupt nicht auf die Idee kamen, dass solch eine Einrichtung zu den Bedürfnissen einer auf dem Gebiete der Hygiene einigermaßen fortgeschrittenen Bevölkerung gehören könne.

overflow from the reservoirs, this being proper not only for the health of our city, but also for use in the flushing of the sewer". (In Latin): "Nam necesse est ex castellis aliquam partem aquae effluere, cum hoc pertineat non solum ad urbis nostrae salubritatem, sed etiam ad utilitatem cloacarum abluendarum."

He moreover reports that suitable ordinances for the maintenance of the sewers had been adopted.

As already mentioned, provincial cities and towns, too, had their own sewer systems, e.g. the town and fort of Saalburg near Homburg vor der Höhe (at the end of the 1st century A.D.). Here the wastewater passed through larger and smaller conduits, which were partly wood-lined and partly done in masonry. Some of these gullies still serve a purpose today by keeping the interior of the installation dry.

It is likely that the Romans had inherited the concept of latrines with running water from the Greeks. In the era of Diocletian (284-305 A.D.), Rome had 144 public lavatories, many of which featured "flushing". Such a public lavatory consisting of an anteroom and a main room was uncovered at the Forum Civile of Pompeii. Three sides of the main room were provided with conveniences situated above a gully in the ground that encircled these three sides. The water then flowed from an aperture on the left rear end of the room into the sewer and was thus discharged. The bigger baths of Pompeii also had such latrines. When Puteoli was excavated in 1850, the archaeologists mistook this facility for a temple because, being much less fastidious than their modern-day counterparts, they were unable to imagine that such a service might be part and parcel of the lifestyle of a people with elevated standards of hygiene.

Obviously, the lavatories of ancient Rome were different from ours. There was only direct flushing, i.e. the toilet seats were placed above a natural or artificial watercourse or channel to smoothly carry off all excrement.
The Romans also executed vast drainage projects. In 396 B.C., for example, an army of workers was deployed to drain Lake Albano. Etruscan captives had to "blast" a tunnel through the rock to enable the lake water to run off. This technique was also used around 289 B.C. to drain Lake Velino in Sabine territory.
During the reign of Claudius (41-54 A.D.), 30,000 slaves worked for eleven years on the construction of a canal of 5 km length hewn from the rock with the objective of draining the Fucine Lake. However, the project failed due to a number of mistakes committed in trying to overcome the elevation differences.
South-east of Rome, a vast marshy plain of approx. 700 square kilometres extended – the Pontine Marshes. Under the orders of Julius Caesar (100-44 B.C.) and Augustus (63 B.C.-14 A.D.), they were converted into fertile land through extensive drainage. The marshes were the result of the failure of the streams draining the mountains to find clearly defined outlets to the sea. Thus a sophisticated drainage system of open ditches and pipes was put into place to create dry land. In the Campagna, too, drainage projects were carried out, and affluent Romans soon built villas and gardens in this area. With the decline of the Roman Empire, these drainage networks were gradually abandoned, which led to the return of the marshes.
Renewed drainage efforts were only undertaken here in the 20th century.

Die Aborte des Altertums unterscheiden sich von den heutigen. Man kannte nur die direkte Spülung, das heißt die Sitzflächen befanden sich direkt über einem natürlichen oder künstlichen Wasserlauf bzw. einem Kanal, der allen Unrat rasch fortführte.
Von den Römern wurden auch gewaltige Entwässerungs- und Trockenlegungsprojekte bewerkstelligt. So setzten sie im Jahre 396 v. Chr. gewaltige Menschenmassen ein, um das Ablassen und so die Entwässerung des Albaner Sees zu erreichen. Kriegsgefangene Etrusker mussten einen Tunnel im Fels „sprengen", durch den das Wasser des Sees abfloss. Diese „Technik" wurde auch um 289 v. Chr. bei der Trockenlegung des Velinus-Sees im Lande der Sabiner angewandt.
Unter Claudius (41 – 54 n. Chr.) arbeiteten 30.000 Sklaven 11 Jahre lang am Bau eines 5 km langen, in den Fels gebrochenen Abflusskanals. Man wollte das Wasser des Fuciner-Sees ablassen, was aber nicht gelang, da verschiedene Fehler bei der Überwindung der Höhenunterschiede gemacht wurden.
Südöstlich von Rom lag eine etwa 700 km^2 große Sumpfebene, die Pontinischen Sümpfe; sie wurden unter Cäsar (100 – 44 v. Chr.) und Augustus (63 v. bis 14 n. Chr.) durch Drainierungsarbeiten zu blühendem Land umgewandelt. Dem Meer zuströmende Gewässer stauen sich hier und führen zur Sumpfbildung. Man hat ein durchgebildetes Drainage-System von offenen Gräben und Rohrleitungen angelegt, durch die die Trockenlegung erfolgte. Auch in der Campagna wurden Entwässerungsarbeiten durchgeführt, und hier befanden sich dann die Villen und Gärten reicher Römer. Mit dem Untergang des römischen Weltreiches vernachlässigte man die Drainagenetze und es bildeten sich wieder Sümpfe. Neue Trockenlegungsarbeiten erfolgten hier erst im 20. Jahrhundert.

Andere Völker

Aus der Bronzezeit ist eine Quellfassung besonders bekannt. Anlässlich der Neufassungsarbeiten der „Alten Quelle" in St. Moritz im Engadin (Schweiz) im Jahre 1907, stieß man auf die erste Fassung der Mauritiusquelle. Archäologen schätzen aufgrund der Funde, dass sie vor rund 3.400 Jahren errichtet wurde (Abb. 23). In einer Tiefe von 1,30 bzw.1,45 m unter der Oberfläche stieß man auf die Oberkante zweier Röhren aus Lärchenholz, deren hohes Alter durch die verschiedenen Geräte aus Bronze, welche man an der Sohle dieser alten Fassung fand, erwiesen wurde. „Die äußere Fassung war ein Blockbau aus Rundhölzern von 2,5 bis 4 m Länge, die innere Einfassung, aus starken Planken bestehend, war von der äußeren 20 bis 30 Zentimeter entfernt." Diese Worte entnehmen wir einem Bericht von Klinckowstroem. Durch die beiden Holzrohre stieg das Mineralwasser auf. Die Rohre selber befanden sich innerhalb der Planken. Die obere lichte Weite beim größeren Rohr betrug 1,12 m, die untere Weite 1,40 m, während die Abmessungen der Kleineren 1,07 und 0,78 m waren.

Gleich alt – aus dem 15. Jh. v. Chr. – dürfte auch der Brunnen in Servirola bei San Polo d'Enza sein, dessen Wandung aus Steinen besteht und eine Tiefe von 16 m (Durchmesser 1,25 m) erreicht. Auch aus der jüngsten Bronzezeit sind Funde von Brunnenanlagen bekannt, so in tirolischen Ringwällen und in Budsene (Dänemark).

Other Civilisations

One Bronze Age spring-tapping structure has acquired particular fame: the remnants of the first harnessing of the Mauritius Spring were unearthed in the course of works conducted in 1907 to re-house the Old Spring of St. Moritz in the Swiss Engadin Valley. On the basis of these finds, archaeologists believe that the first well-tapping dates from around 3400 years ago (Fig. 23). At 1.30 m and 1.45 m below ground level, scholars discovered the upper ends of two larch wood pipes, whose venerable age was attested to by various bronze utensils discovered at the bottom of this ancient well. "The outer structure was made from round logs of 2.5 m to 4 m length, while the inner spring housing, which consisted of thick boards, was inserted into the outer one, with a clearance of 20 cm to 30 cm between the two", as a report by von Klinckowstroem notes.

The mineral water ascended through the two wood pipes. The pipes themselves were situated within the perimeter of the boards. The upper clear width of the wider pipe was 1.12 m, and its lower width was 1.40 m; the respective dimensions of the smaller pipe were 1.07 m and 0.78 m.

It may be assumed that the well of Servirola near San Polo d'Enza (Italy) dates from the same period, i.e. the 15th century

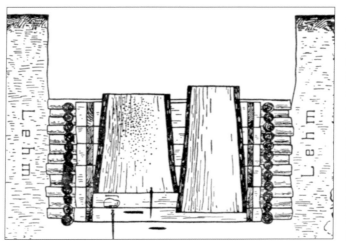

Abb. 23: Die Quellenfassung der Mauritiusquelle (Bronzezeit).

B.C. Featuring stone walls, it is 16 m deep with a diameter of 1.25 m. Wells dating from the end of the Bronze Age have been discovered e.g. in Tyrolean circular ramparts and in Budsene (Denmark).

Our knowledge of a pipeline from the time of the siege of Tyre by the Assyrian King Shalmaneser V (726-722 B.C.) is much less detailed. Menander of Ephesus narrates that during their five-year siege the Assyrians took control of the wells and water conduit to subdue the inhabitants of the city by cutting off their water supply. Since Tyre was an island without springs, the fact that the city was able to withstand a thirteen-year siege by Nebuchadnezzar can only be explained by assuming that a water pipeline supplied the insular settlement. Alexander the Great connected the island to the coast by constructing a causeway in order to seize the city. According to the accounts of Arrian and Pausanias, Alexander had his tent pitched next to a well during his siege of Tyre.

The Phoenician island colony Motya in Sicily was supplied with water from the Regalia hills with their numerous springs. From the east, the water was conveyed into the city underwater by means of tin pipes. Some of these pipes have come down to us. On the eastern coast, we find a reservoir built with square blocks, into which the water was channelled.

Information about the water supply of the Phoenician colony Carthage is scarce. There can be no doubt that the city disposed of an efficient water supply system, as this would have been essential for an international power like Carthage, which in 149 B.C. boasted around 700,000 inhabitants.

The water was brought to the city from some distance. The two springs whose water was tapped are situated on the Sidi Bou Said promontory. The

Unbestimmte Nachrichten haben wir von einer Rohrleitung aus der Zeit der Belagerung von Tyrus unter dem assyrischen König Salmanassar V (726 – 722 v. Chr.). Menanders von Ephesus erzählt, dass während der fünfjährigen Belagerung der Stadt die Assyrer die Brunnen und die Wasserleitung besetzten, um die Tyrier durch Wassermangel zu ängstigen. Da die Insel Tyrus keine Quellen besaß, so ist der Umstand, dass die Stadt eine 13jährige Belagerung durch Nebukadnezar auszuhalten vermochte nur dadurch zu erklären, dass sie das Wasser der Brunnen zu der Insel leiteten. Alexander der Große ließ vom Festland zur Insel einen Verbindungsdamm bauen und eroberte die Stadt. Nach den Berichten von Arrian und Pausanias ließ Alexander während der Belagerung von Tyrus an einem Brunnen sein Zelt aufschlagen.

Die punische Kolonie Motye auf Sizilien entnahm das Wasser den quellenreichen Höhen der Regalie. Vom Osten her wurde das Wasser unter dem Meer in zinnernen Rohren der Stadt zugeleitet. Einige dieser Röhren sind erhalten geblieben. An der östlichen Küste befindet sich ein aus Quadern gemauerter Wasserbehälter, in den sich das Wasser ergoss.

Wenig wissen wir über die Wasserversorgung der phönizischen Niederlassung Karthago. Zweifellos musste eine gutfunktionierende Wasserversorgung vorhanden sein, da ohne eine solche die „Weltstadt Karthago" kaum existieren hätte können. Im Jahre 149 v. Chr. lebten dort nämlich ca. 700.000 Menschen.

Das Wasser wurde aus größerer Entfernung zur Stadt geleitet. Die beiden Quellen, deren Wasser benutzt wurde, liegen im Vorgebirge Bibi Ben Seid. Zu den ältesten Wasserbehältern dürften die sogenannten Cisternen des Teufels zu rechnen sein, welche aus 18 langgestreckten, überwölbten, nebeneinander angeordneten Räumen bestanden, die durch einen mittleren Gang verbunden waren. Außerdem standen sie durch einen Ringkanal in Verbindung. Ein weiteres großes Reservoir war in einer Entfernung von etwa 1,2 km vorhanden.

Archäologen haben einen Brunnen germanischer Siedler aus dem dritten bis vierten Jahrhundert aus dem Hedelberg bei Goslar (Nordwestharz) ausgegraben, der aus Eichenholz besteht und beweist, dass die Einwohner am nordwestlichen Ausläufer des Harzes gute Brunnenbauer waren und über hinreichende Erfahrungen verfügten. Man fand auch Reste von hölzernen Rohrleitungen aus Eiche.

Nach chinesischen Berichten soll ein Jünger von Konfuzius (551 – 479 v. Chr.) einen Mann, der seinen Garten mit einem Krug bewässerte, auf eine Maschine aufmerksam gemacht haben, mit deren Hilfe man leicht 100 Beete an einem Tag bewässern könne. Dieser Mechanismus hat nach dem Prinzip des Kipplöffels gearbeitet, der auf einer Seite das Wasser schöpft und es auf der anderen Seite abgießt. Die Abbildung 24 zeigt ein chinesisches Wasserschöpfwerk, das nach dem Paternosterprinzip mit Holzschaufeln Wasser hebt.

Abb. 24: Chinesische Schöpfeinrichtung, die nach dem Paternosterprinzip Wasser hebt.

Devil's Cisterns are probably among the oldest reservoirs; they consist of 18 elongated, vaulted rooms arranged side by side and linked by a central corridor. A circular conduit connected them as well. Another big reservoir was located at a distance of approx. 1.2 km.

At Hedelberg near Goslar in the north-western Harz, archaeologists discovered a well of Germanic settlers dating from the 3rd or 4th century A.D. Done in oak wood, it bears proof of the well-building skills and solid experience of the tribes inhabiting the north-western Harz foothills. Other finds included remnants of pipes made of oak wood.

According to Chinese texts, a disciple of Confucius (551-479 B.C.) told a man watering his garden with a pitcher about a machine easily able to water 100 patches or flowerbeds per day. This mechanism worked according to the principle of the tipping bucket that scoops water on one side and discharges it on the other. Fig. 24 shows a Chinese water-drawing device that raises water with wood paddles analogously to a paternoster elevator.

Herodotus also mentions the river Akes (or Oxus), today called Amu Darya, which was said to have supplied the valley inhabited by the Khwarezmians, and describes dams in the mountain passes erected to create a gigantic lake. An Arab chronicler speaks of a Khwarezmian king of ancient times who had the river's course changed so that – as Tolstov recounts – one of the branches of the Amu Darya flowed into Lake Sarykamysh in the basin of the Aral Sea.

Legend claims that Khwarezm is identical to the mythical land of Eranwez (or Iran Vij) created by the Zoroastrian supreme divinity Ahura Mazda. It was supposed to lie in the north of today's Iran, Uzbekistan and Turkmenistan, and it is believed that a kingdom existed here from circa 1200 B.C. to the 7th century A.D. The dynasty was dethroned following an Arab incursion. The Arab domination was in its turn brought down by the Mongols' destruction of the irrigation systems.

The ancient cities of Khwarezm were always located next to a river or river branch, and each district of a city had its own canals linking it to the watercourse. Fortresses, too, were built adjacent to the water. A main canal conducted water to the fortress, where it branched into numerous smaller watercourses. From these, water was distributed to the land held by each tribe. Due to its irrigation systems, Khwarezm was a flourishing kingdom. Abu al-Ghazi Bahadur writes: "Fields, vineyards and groves ran along both banks of the Amu Darya to Urgench …"

Herodot erzählt auch vom Fluss Akes (oder Oxus), dem heutigen Amu-Darja, der das Tal des Volkes der Chorezmier bewässert haben soll und von Dämmen in den Gebirgspässen, welche dann zur Bildung eines gewaltigen Sees führten. Von einem altchorezmischen König lesen wir bei einem arabischen Chronisten. Der König ließ den Verlauf des Oxus verändern und dadurch – so berichtet Tolstow – den Lauf eines der Arme des Amu-Darja so verändern, dass er dann in den Sarykamisch-See (Kaspisches Meer) floss.

Das Land Chorezm soll mit dem vom Gott Zarathustras, Ahura Mazdah, geschaffenen mythischen Lande Eranwesh identisch sein. Es lag im Norden des heutigen Persien, in Usbekistan und Turkmenistan (Republiken der UdSSR). Das Reich soll von etwa 1200 v. Chr. bis in das 7. Jahrhundert existiert haben. Bei einem arabischen Einfall wurde die Dynastie vom Thron gestoßen. Die Herrschaft der Araber ging nach der Zerstörung der Bewässerungssysteme durch die Mongolen unter.

Die altchorezmischen Städte lagen stets unmittelbar neben einem Fluss bzw. an einem Flussarm und jeder der Stadtteile hatte seine eigenen Kanäle zum Fluss. Auch die Festungen wurden neben dem Wasser erbaut. Ein Hauptkanal leitete das Wasser zur Burg, wo er sich in zahlreiche kleinere Wasserläufe teilte. In diesen strömte das Wasser zum Land einer jeden Sippe. Chorezm war dank solcher Bewässerungsanlagen ein blühendes Land. Abu'l-Ghazi schreibt darüber: „An beiden Ufern des Amu-Darja bis Oghurtscha gab es nichts als Felder, Weingärten und Haine …"

Während der Ausgrabungsarbeiten im Jahre 1947 fand Tolstow eine Wasserleitung am Uzboi. Sie bestand aus einer schmalen Rinne aus gebrannten Ziegeln, die von einem trichterförmigen Behälter das Wasser zu einem Wachtturm leitete. Man fand auch Brunnen, die mit fast fugenlos zusammengefügten Steinen ausgelegt waren.

Die Karawansereien, welche nicht eben an einem Wasserlauf lagen, hatten solche gemauerte Brunnen. Eine von ihnen, bekannt unter dem Namen „Beleuli", hatte vier Brunnen, die mit behauenen Steinen eingefasst waren. Sie wurden von quadratischen oder rechteckigen Mauern aus Felsblöcken umschlossen.

Aly Mazaheri beschreibt, wie die Wasserfachleute im Vorland der Gebirge nach Wasser schürften. Ähnlich der parthischen Methode gaben die Farbe und das Aussehen des Bodens und der Pflanzenwuchs Anhaltspunkte, ob Wasser erschlossen werden konnte oder nicht. Waren Farbe und Pflanzenwuchs vielversprechend, so wurden Schächte angelegt und unterirdische Kanäle ausgehoben, die das Wasser auf das zu bewässernde Feld leiteten. Dieses Verfahren wurde bis ins Mittelalter angewendet.

Uralte Systeme von Bewässerungskanälen wurden auch in Süd- und Mittelamerika aufgedeckt. Die in Ekuador aufgefundenen Anlagen werden in das 5. Jahrhundert datiert. Dämme aus vorchristlicher Zeit hat man Surinam (früher holländisch Guyana) endeckt.

During his expedition of 1947, Tolstov excavated a water pipeline on the Uzboy River – a narrow conduit of fired bricks that conducted water from a funnel-shaped reservoir to a watchtower.

In addition, wells lined with almost seamlessly joined stones were found. Such brick-built wells were typical of caravanserais not located directly on a watercourse. One such caravanserai called Beleuli boasted four wells bordered by carved stones. They were encircled by square or rectangular boulder walls.

Ali Mazaheri describes how water engineers prospected for water in the foothills of the local mountain ranges. Similar to the method adopted by the Parthians, the colour and visual aspect of the soil as well as vegetation offered clues as to whether water resources were to be expected in a site. If the soil colour and vegetation were promising, shafts and underground conduits were dug to convey the water to the fields to be irrigated. This technique was used into the Middle Ages.

Ancient systems of irrigation canals were also discovered in Central and South America. The structures unearthed in Ecuador date back to the 5th century A.D. Pre-Christian dams were likewise found in Suriname (former Dutch Guiana).

MIDDLE AGES

On the surface, Rome's glory was still blazing. Smoothly paved roads connected the provinces; at the borders, an army of guards protected the Empire against the barbarian hordes inhabiting the vast lands of Northern and Eastern Europe. The whole world paid its tribute to powerful Rome, and innumerable skilled and able men worked day and night to make up for the errors of the past and recover the prosperous conditions that had prevailed in the first centuries of the Republic. For example, a water pipeline was built as late as around 305 or 306 A.D. in Arcueil.

However, the barbarians were more and more frequently trying to overrun the northern border of the Empire. Constantine the Great (272-337) decided to choose a new capital and opted for Byzantium. The city was renamed Constantinople, and the whole imperial court moved eastward. Magnificent buildings such as the Hagia Sophia were erected in the new capital. The water supply of this new Rome was ensured by specially constructed aqueducts and reservoirs fed by dammed rivers.

After Constantine's death, his two sons divided the Empire to safeguard smooth administration. While the elder resided in Rome and ruled in the west, the younger remained in Constantinople to govern the eastern half.

The 4th century brought the terrible incursions of the Huns, forcing the Visigoths to invade Roman territory to ensure their own survival. They were followed by the Vandals and Burgundians, Ostrogoths, Alemanni and Franks. There was no end to the incursions.

In 402, the Emperor shifted his residence to Ravenna, and it was there that the Germanic chieftain

DAS MITTELALTER

Nach außen hin glänzte Roms Ruhm noch. Gutgepflasterte Straßen verbanden die verschiedenen Provinzen, an der Grenze hielten zahlreiche Posten die Wacht gegen die wilden Stämme, die die ungeheuren Länder Nord- und Osteuropas bewohnten. Die ganze Welt zahlte der mächtigen Stadt Rom Tribut und eine Reihe tüchtiger Männer arbeitete Tag und Nacht daran, die Fehler der Vergangenheit gutzumachen und die glücklichen Verhältnisse der ersten Zeit der Republik wieder herbeizuführen. So wird noch um 305 bis 306 eine Wasserleitung in Arcueil errichtet.

Die Barbaren pochten jedoch immer häufiger an der Nordgrenze des Imperiums. Konstantin der Große (272-337) sah sich nach einer neuen Hauptstadt um und wählte Byzanz. Die Stadt wurde in Konstantinopel umbenannt und der Hof zog ostwärts. Prachtbauten entstanden in der neuen Hauptstadt, u. a. auch die Hagia Sophia. Für die Wasserversorgung Neu-Roms wurden Aquädukte erbaut und durch Dammsperren Wasserteiche errichtet.

Nach dem Tode Konstantins teilten seine beiden Söhne um der besseren Verwaltung willen das Reich. Der ältere residierte in Rom und regierte den Westen; der jüngere blieb in Konstantinopel und blieb Herr des Ostens.

Dann kam das vierte Jahrhundert und die schreckliche Heimsuchung durch die Hunnen. Zur eigenen Rettung mussten die Goten ins römische Gebiet eindringen. Anschließend kamen die Vandalen und die Burgunder, die Ostgoten, Alemannen und Franken. Die Einfälle nahmen kein Ende.

Im Jahre 402 hatte der Kaiser seine Residenz nach Ravenna verlegt und dort stieß der Germane Odoaker den letzten weströmischen Kaiser Romulus Augustulus vom Thron.

Theoderich, König der Ostgoten, besiegt Odoaker und errichtet ein gotisches Königreich. Dieser Staat bestand nicht lange. Schon ein Jahrhundert später fiel eine bunte Schar von Langobarden, Sachsen, Slaven und Avaren in Italien ein und zerstörte das gotische Königreich. Die Kultur, das Ergebnis vieltausendjähriger geduldiger Arbeit, drohte vom westlichen Kontinent zu verschwinden.

Nach dem Wirr-Warr der Völkerwanderung entstanden nun langsam wieder die Zusammenballungen der Menschen, zuerst die Dorfgemeinschaften und dann die Städte. Besondere Bedeutung hatten zu jener Zeit die Klöster, die die ersten Ansätze der Wirtschaft in sich trugen, da alles, was die Mönche benötigten, innerhalb der Umfriedung erzeugt wurde. Man dachte auch an eine bequeme Wasserbeschaffung bei der Errichtung der Klöster. Eine Regel besagte: „Wo es irgend geschehen kann, soll jedes Kloster so angelegt werden, dass alles notwendige, Wasserlauf, Mühle, Garten, Fischteich und die verschiedensten Künste innerhalb des klösterlichen Terrains ihre Stellung finden können."

Zweifellos dürften auch römische Vorbilder bei der Wasserleitung des Frankenkönigs Karl des Großen (742 – 814) in der Pfalz Pate gestanden haben. Sie ist als die älteste Trinkwasserversorgungsanlage des frühen Mittelalters bekannt. Der Erneuerer des römischen Kaisertums ließ in der Pfalz von der „Karlsquelle" bis Ingelheim eine Leitung errichten.

Berühmt ist der in einer Chronik aus dem Jahre 1030 erwähnte „Tiefe Brunnen" zu Nürnberg, der sich auf der Burg der Reichsstadt befindet. Seine Tiefe soll 51,5 m und der Wasserstand 3,5 m betragen. Aus späterer Zeit haben wir Kunde von manchen Brunnen, die zur Versorgung der Festungen gedient haben.

Zu Beginn des 12. Jahrhunderts soll ein Mönch mit der Bewirtschaftung des Gutes Auxy-en-l'eau beauftragt worden sein. Eines Tages kam eine furchtbare Dürre und der Mönch nahm ein hölzernes Rohr und rammte es in den Boden. Sogleich sprudelte das Wasser hervor. Dieser

Odoacer dethroned the last Western Roman Emperor Romulus Augustulus.

Theodoric, the King of the Ostrogoths, defeated Odoacer and established a Gothic kingdom which, however, was short-lived. Only one century later, a motley band of Lombards, Saxons, Slavs and Avars invaded Italy and destroyed the kingdom of the Goths. The cultural attainments of many millennia of patient work were in danger of disappearing from the face of Western Europe.

After the confusion of the Migration Period, agglomerations slowly began to reform first as village communities, later as bigger towns and cities. In that time, a special role was played by monasteries as pioneers of independent economic cycles, since everything the monks needed was produced within their walls. Monastery architects also took account of suitable water supply systems. A key rule stated: "Whenever possible, monasteries should be located so that everything required for their operation – a watercourse, mill, garden, fishpond and all the different arts – can be housed on their land."

It seems evident that the Roman model also inspired the water pipeline built during the reign of the Frankish King Charlemagne (742-814) in the Palatinate. This installation is known as the oldest drinking water supply system of the Early Middle Ages. The reformer of the Roman Empire had a pipeline built in the Palatinate from Charles' Spring to the town of Ingelheim.

A chronicle of 1030 mentions the famous Deep Well of Nuremberg situated inside the castle of this imperial city. Its depth is estimated at 51.5 m and its water level at 3.5 m. We also know of wells supplying fortresses and castles of later eras.

Tradition has it that an early 12th-century monk was

ordered to administer the country estate of Auxyen-l'eau. Time brought on a terrible drought. The monk took a wood pipe, rammed it into the ground, and lo – water came gushing forth. This flowing well was drilled in 1126 in the gardens of the Carthusian monastery of Lillers in the French district of Artois – or so the legend goes.

The water originated from a fissured cretaceous formation extending on a bed of sand and clay at a depth of 10 m to 40 m below ground level. The pipes of the well were made of oak wood. The term "artesian" derives from the former county of Artois (Artesië in Flemish).

It may be that the well discovered in 1691 during excavation works conducted in the old Italian city of Modena is even older than the one of Lillers. It is certain that some kind of drill was used to build the Modena well, as the lead pipes could otherwise not have been sunk so deep into the ground.

In the 12th century, food and water supply was to be secured for the fortress of Salzburg, which led to a (for the time) bold endeavour: the construction of the Almkanal, a system to conduct water from Leopoldskron moor through Mönchsberg hill into the city. For a section, the canal followed the old bed of the brook Königsseeache, continuing to the area of the former mill Eichetmühle. Then the canal crossed the Mönchsberg by means of a gallery of 370 m length. This structure was taken into operation around 1160 after a thirty-year construction period. The Almkanal was extended around 1280 in the southern direction near Grödig, which finally permitted a constant water regime. This conduit proved of major importance for the city and is still used to drain a moor of approx. 19 square kilometres as well as the rainwater precipitated in this area.

springende Brunnen entstand im Jahre 1126 im Garten des Kartäuserklosters zu Lillers im Bezirk Artois in Frankreich – so wird jedenfalls behauptet.

Das Wasser stammte aus einer zerklüfteten Kreideformation, der Sande und Tone unterlagert sind und dort in einer Tiefe von 10 bis 40 m unter Terrain angetroffen werden. Die Brunnenrohre waren aus Eichenholz angefertigt. Die Bezeichnung „artesisches" Wasser wird von der ehemaligen Grafschaft Artois (Artoisë = flämisch Artesie) hergeleitet.

Vielleicht ist der im Jahre 1691 beim Aufgraben entdeckte Brunnen der alten Stadt Modena älter als jener von Lillers. Zweifellos hat man sich bei der Herstellung des Brunnens in Modena eines Bohrgerätes bedient, da man sonst kaum die Bleirohre in die Tiefe versetzen hätte können.

Im 12. Jahrhundert wollte man in Salzburg Brot und Wasser innerhalb der Befestigungsmauern sichern und so entstand ein für die damalige Zeit kühner Gedanke: Die Errichtung des Almkanals. Man leitete das Wasser aus der Gegend des Leopoldskroner Moores durch den Mönchsberg in die Stadt. Die Leitung folgte eine Zeitlang dem alten Bett der Königsseeache und führte bis in die Gegend der früheren Eichetmühle. Dieser Wasserkanal führt mit 370 m Stollenlänge durch den Mönchsberg. Erst nach dreißigjähriger Bauzeit konnte dieses Bauwerk um 1160 in Betrieb genommen werden. Um 1280 hat man dann den Almkanal bei Grödig nach Süden verlängert, wodurch eine konstante Wasserführung ermöglicht wurde. Dieses Gerinne war für die Stadt von besonderer Bedeutung und dient heute noch der Entwässerung eines rund 19 km großen Moorgebietes und der Ableitung der in diesem Gebiet anfallenden Niederschlagswässer.

Der arabische Reisende At Tartuschi berichtet, dass in Haithabu, der einstigen Wikingerstadt – welche am äußersten Ende der Welt läge und eine sehr große Stadt sei – eine große Anzahl von Brunnen vorhanden war. Die

Stadt lag südlich von Schleswig am Haddebyer Moor. Man hat dort Schachtbrunnen zur Wasserversorgung errichtet, die aber keine einheitliche Bauform hatten.

1199 wurde bei Regensburg eine Quellstube angelegt und das Wasser vom Vorort Dechbetten in bleiernen Röhren zu einem Kloster in der Stadt geleitet.

Die „Wasserkünste" von Lübeck stammen aus dem Jahre 1293 und dürften eine der ersten ihrer Art im Hochmittelalter gewesen sein. Ein vom Fluss getriebenes hohes Wasserrad enthielt außer den Schaufeln noch Schöpfgefäße, die sich in ein hölzernes Reservoir entleerten. Von hier aus führte eine Holzrohrleitung von rund 3.160 m Länge in die Stadt, wo in die Häuser gemauerte Behälter vorhanden waren. Neun Jahre später kam eine zweite Anlage hinzu, die schon ein Klärbecken hatte. Diesem Beispiel folgten auch andere Städte. So erhielt die Stadt Ulm 1340 ein Hebewerk für das Trinkwasser.

Die älteste Wasserleitung der Reichsstadt Nürnberg, die „Spitalleitung", wurde schon vor dem Jahre 1368 angelegt. Sie versorgte das 1339 gestiftete Heilig-Geist-Spital mit Wasser. Allerdings war das eine Privatleitung, es wurde jedoch geduldet, dass sie auch von den Bewohnern der Stadt benützt wurde. Gegen Ende des 14. Jahrhunderts, genauer gesagt um 1398, dürfte die älteste öffentliche Wasserleitung erbaut worden sein, die den berühmten „Schönen Brunnen" auf dem Hauptmarkt gespeist hat. Der „Schöne Brunnen" wurde an Stelle eines einfachen Schachtbrunnens errichtet. Die Leitung enthielt das Wasser zweier Quellen in Gleishammer, etwa drei Kilometer vom Auslauf entfernt. Man hat für die Zuleitung des Wassers zwei parallele Rohre gelegt. Wahrscheinlich wollte man, dass während der sehr häufigen Reparaturen eine der Röhren immer Wasser zum Ausguss führen konnte. Die Transportleitung bestand aus Holz, nur innerhalb des „Schönen Brunnen" wurde Blei verwendet (Abb. 25). Aus Müllers Annalen entnehmen wir: Der „Schöne

The Arab traveller Al-Tartushi reports that the former Viking settlement Haithabu, which he describes as "a very large town at the extreme end of the world", abounded in wells. The town was situated south of Schleswig on the Haddeby moor. Here water supply was ensured by shaft wells of various designs.

In 1199, a well chamber was built near Regensburg, with the water conducted in lead pipes from the nearby village of Dechbetten to a monastery inside the town walls.

Lübeck's water-drawing installation, the "Wasserkunst" (literally, "water art"), dates from 1293 and probably was among the first of its kind in the High Middle Ages. A high water-wheel driven by the river was provided, in addition to its paddles, with buckets emptying into a timbered reservoir. From here, a wood pipeline of approx. 3,160 m length led into the town, where brick basins were integrated into the buildings. Nine years later, a second installation – which even boasted a settling tank – was built. Other settlements followed this example. Thus the town of Ulm commissioned a drinking water drawworks in 1340.

The oldest water pipeline of the imperial city of Nuremberg, the Spitalleitung, was constructed before 1368 to supply the Holy Spirit Hospital endowed in 1339. While this was a private connection, the citizens of the town were also allowed to draw water. Towards the end of the 14th century, around 1398, the oldest public water pipeline was built to feed the famous Schöner Brunnen (Beautiful Fountain) in the market square. The Beautiful Fountain was erected to replace a simple shaft well. The pipeline was fed by the water of two springs in Gleishammer, at roughly 3 km from the outlet point.

Actually, two parallel water supply pipes were laid. Perhaps this was to ensure that one pipe would always carry water despite frequent repairs. The transport pipe was made of wood; lead was only used inside the Beautiful Fountain itself (Fig. 25). Johannes Müllner's "Annals of the Imperial City of Nuremberg" inform us: "The Beautiful Fountain in Market Square was renewed that year and painted by Michael Wohlgemuth; moreover, lead pipes were laid to supply the same in 1493."
Around 1538, the wood pipes were replaced by lead ones.
In his work, Fischer mentions another five larger spring pipelines in the imperial city of Nuremberg as well as a number of smaller, partly public and partly private conduits (Hans Scharpf's manual for pipeline and well inspectors of 1459 mentions 17 such "rörn", i.e. pipes). One of these, named Hyserlein or Hiesserlein, is mentioned as early as in 1395. The Hyserlein pipe delivered the yield of two springs to Nuremberg. At the end of the imperial period, the system was composed of 700 feet of wood pipes and 60 feet of lead pipes (in all approx. 230 m).
Chronicles of 1335 speak of the Reinsbrunnen (Clear Spring), whose water was channelled into a fishpond, from where it was drawn to clean the streets of Göttingen. The spring rises from a muschelkalk formation. The fishpond was situated at the highest point of the town fortification, which permitted filling the defence ditches with water. A wood pipeline also extended from the pond to the Lions' Fountain (or Pipenbornbrunnen) in the market square. The fountain itself was only built in 1568 for a fee of 140 reichstaler by the contractor Leonhard Hügel and featured a round basin and a column with crowned lions at its centre.

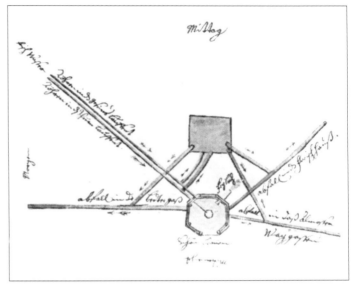

Abb. 25: Plan der Zu- und Ableitungen des „Schönen Brunnens" in Nürnberg.

Brunnen" am Markt ist dieses Jahr erneuert und durch Michael Wohlgemuth gemahlet, auch oa. 1493 blyene Röhren zu demselben gelegt worden." Um 1538 wurden die hölzernen Rohre durch solche aus Blei ersetzt.
Fischer erwähnt noch in seinem Werk weitere fünf größere Quellwasserleitungen in der Reichsstadt Nürnberg, sowie eine Reihe von kleineren, die teilweise öffentlich, teilweise in Privatbesitz waren (Im Röhrenmeisterbuch von Hans Scharpf aus dem Jahre 1459 werden 17 „rörn" genannt.) Eine von ihnen – die Hyserlein oder Hiesserlein – wird urkundlich bereits im Jahre 1395 erwähnt. Die „rören des Hyserleins" lieferten die Schüttungen von zwei Quellen. Die Leitung bestand am Ende der reichsstädtischen Zeit aus 700 Schuh hölzernen und 60 Schuh bleiernen Röhren (insgesamt 230 m).

Aus Urkunden des Jahres 1335 erfahren wir von der Quelle „Reinsbrunnen", deren Wasser durch die Reinsrinne in einen Fischteich geleitet wurde, von wo es zur Spülung der Gassen der Stadt Göttingen verwendet wurde. Die Quelle entspringt aus einer Muschelkalkformation. Der Fischteich lag am höchsten Punkt der Stadtbefestigung und so konnten auch die Wehrgräben mit Wasser gefüllt werden. Vom Teich aus war auch eine Leitung aus Holz errichtet worden, welche zum Löwenbrunnen (auch Pipenbornbrunnen genannt) am Marktplatz führte. Der Brunnen selbst wurde erst 1568 für 140 Rthl vom Baumeister Leonhard Hügel errichtet und bestand aus einem runden Wasserbecken. In der Mitte war eine Säule mit gekrönten Löwen angebracht.

„Die Stadt Augspurgische Wasser-Thürme haben schon anno 1412 ihren Anfang genommen" lesen wir in dem im 18. Jahrhundert erschienenen Werk „Hydraulica Augustana" des Stadtbrunnenmeisters Caspar Walter. Das Brunnenwerk wurde 1412 von Leopold Karg am Roten Tor errichtet. Zunächst wurde das Wasser aus einem Quellbach entnommen und durch Pumpen in drei „Wasser-Thürme" gehoben. Von da aus wurden die südlichen und westlichen

Abb. 25a: Zeichnung eines Saug- und Druckpumpenwerkes von Ramelli.

"The water-towers of Augsburg go back to 1412", the 18th-century manual "Hydraulica Augustana" by the town's well inspector Caspar Walter tells us. The structures were built in 1412 by Leopold Karg next to the town's Red Gate. First the water was harnessed from a spring and pumped up into three water-towers, which supplied the southern and western parts of Augsburg. The chain- and piston-driven mechanism was powered by water-wheels. For the first distribution pipeline, cast-iron pipes were used. However, they proved too narrow; thus others made of pine (Fig. 26), clay, copper, tin and lead were duly laid. Another four installations were constructed between 1450 and 1609.

In a treatise entitled "Gemeiner loblicher Eydgenoschafft Stetten, Landen und Voelckeren Chronick wirdiger thaaten Beschreybung" (Description of the Deeds of Places, Lands and People of the Swiss Confederation), Johannes Stumpf notes:

"The first water-raising wheel of Zurich on the Lower Bridge was built in that year", referring to 1420. According to P. Meintel, this water-drawing mechanism was first mentioned in the council and court registers of Zurich as early as in 1380, and the chronicle of Zurich remarks that "it was hardly possible to drink at the wheel because of the cold." The drawworks was composed of a water-wheel to which buckets were attached for drawing water from Limmat River. The water was channelled in an open conduit to a well-house, where it flowed through the pipes into the well-trough. Several private wells were also supplied by this water-wheel.

In his "Memorabilia Tigurina", Hans Heinrich Bluntschli notes; "According to Bullinger's report, a water-wheel equal to the one described above was installed in the following year (i.e. 1421) on the Upper Bridge". The location of today's Münster Bridge across Limmat River was that of the old Upper Bridge, a narrow wooden walkway. The second water-raising wheel was installed here (Fig. 27). The text quoted explains that the second device was analogous to the first and much admired by foreigners. Andrea Gattaro of Padua, envoy of the Republic of Venice to the Council of Basel, also visited Zurich and noted in his diary: "… two bridges housing two beautiful fountains that continuously deliver water …"

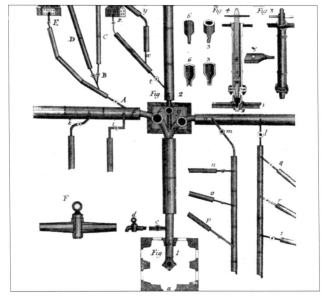

Abb. 26: Rohrnetzplan aus dem Buch Casper Walter.

Stadtgebiete versorgt. Die Ketten- und Kolbendruckwerke wurden durch Wasserräder angetrieben.
Für die erste Verteilungsleitung wurden gusseiserne Rohre verwendet, die sich aber als zu eng erwiesen; später wurden deshalb solche aus Föhrenholz (Abb. 26), Ton, Kupfer, Zink und Blei eingebaut. Zwischen 1450 und 1609 kamen noch weitere vier Werke dazu.

Johannes Stumpf schreibt in seinem Werk mit dem Titel „Gemeiner loblicher Eydgenossenschaft Stetten, Landen und Völckeren chronickwürdiger Thaaten Beschreibung": «Das erste Rad in Zürych (Zürich) an der Underprucken, so das Wasser auftregt, ward in diesem jar gemachet.» Gemeint war anno domini 1420. Nach P. Meintel soll dieses Wasserhebewerk schon im Jahre 1380 in den Rats- und Richterbüchern genannt worden sein und man liest in der Chronik von Zürich, dass „ain mensch an dem Rad kum gnug trinken macht vor kelti." Das Hebewerk bestand aus einem Wasserrad, an dem Gefäße angebracht waren, die das Wasser des Limmat in die Höhe hoben, welches dann in einer offenen Rinne zum Brunnenhäuschen floss, wo es durch die Röhren in den Brunnentrog strömte. Auch einige private Brunnen wurden von diesem Wasserrad gespeist.

Hans Heinrich Bluntschli berichtet in seinem „Memorabilia Tigurina": «Nach Bullgeris Bericht ist im anderen Jahr darnach (gemeint war 1421) auch ein Wasser-Rad vorgemeldetem gleich an der Oberen Bruck gemacht worden». Bei der heutigen Münsterbrücke über den Limmat stand die „Obere Brücke", ein nicht befahrener Holzsteg. Dort wurde das zweite Schöpfrad (Abb. 27) errichtet. Man entnimmt aus dem wiedergegebenen Text, dass die zweite Anlage der ersten nachgemacht und von Fremden sehr bestaunt wurde. Gattaro von Padua, Gesandter der venezianischen Republik beim Konzil zu Basel, besuchte auch Zürich und berichtete in seinem Tagebuch: „… zwei Brücken, auf welchen sich zwei schöne Brunnen befinden, die immerfort Wasser auswerfen …"

Die ältesten Brunnen in Zürich waren unter anderen Sodbrunnen und Zisternen, die senkrecht in dem Boden gegraben waren und ausgemauerte Schächte hatten, in denen das Wasser sickerte. Auf einem Stadtplan aus dem Jahre 1576 findet man eine Reihe solcher Brunnen.

1430 erhielt Zürich den ersten Laufbrunnen, der anfangs Stock- oder Röhrenbrunnen, später Spring- oder Laufbrunnen genannt wurde. Ein Jahr vorher beschloss der Rat der Stadt eine Wasserleitung legen zu lassen: „... es sich mitt tucheln (hölzernes Rohr) oder anderem werch ... ußgangind in dem Albis ...". Mit Albis war die Gegend Albisrieden gemeint. Zwei Stude oder Brunnensäulen und vier Ausläufe hatte der Brunnen. Allerdings hatten manche Schweizer Städte schon längst vor Zürich Wasserleitungen. Basel z. B. erhielt schon im Jahre 1265 den ersten Stockbrunnen und auch Bern besaß bereits in der zweiten Hälfte des 13. Jahrhunderts einen solchen.

Vögelin weist in seinem Buch „Das alte Zürich" auf einen Brunnen hin, der schon um 1310 bestanden haben soll: „Am oberen Ende der Brunnengasse war das Zügli, ein Brunnen, dessen Wasser aus einer Quelle des jetzigen

Abb. 27: Schöpfrad an der „Oberen Brücke" im Limmatfluss bei Zürich.

Inter alia, the oldest wells of Zurich were shaft wells and cisterns sunk vertically into the ground and featuring brick walls, into which water percolated. A town map of 1576 shows several such wells.

In 1430, Zurich was given its first flowing well, which was originally called Stockbrunnen or Röhrenbrunnen due to its column- or pipe-like aspect. One year before, the town council decided to have a water pipeline laid: "… that would extend to Albis with pipes made of wood or other matter …" the word "Albis" referring to the Albisrieden area, a district of modern-day Zurich. The fountain was given two well columns and four outlets. Other Swiss towns predated Zurich in water pipeline construction: e.g. Basel had its first public well built in 1265, and Berne, too, boasted such a well in the second half of the 13th century.

In his book on Zurich's past, "Das alte Zürich", Vögelin mentions a well reputed to go back to circa 1310: "At the upper end of Brunnengasse, there was the Zügli, a well whose water was tapped from a spring situated on the modern-day Stockart property near Predigerhof and conducted downward by means of ducts, conduits and pipes." In the beginning, the water flowed in open ducts to the wooden well trough.

Water contamination was subject to a fine. Thus the chronicle notes that around 1500: "whoever fouls them (i.e. the public fountains) by cooking and

washing shall pay a fine of 1 pound, 5 shillings …"
Already in the 12th century, springs were tapped on the slope of Romainville by the monks of Saint-Lazare; the water thus harnessed – 200 to 250 cubic metres/day – was channelled via an aqueduct to the hospital of Saint-Lazare in Paris, where a public fountain for the citizenry had been attached to the hospital wall. In 1364, the hospital was taken over by the city of Paris. At the same time, the monks of the order of Saint Martin of the Fields tapped other springs near Belleville and equally conducted the water to their hospital. Here, too, a flowing well was installed on the monastery wall to serve the residents of the area. The system was composed of an aqueduct and a distribution pipeline. Charles VIII purchased the pipeline in 1457 on behalf of the city; at the same time, the aqueduct was renovated as well.

Around 1377, after the Papal court had returned from Avignon to Rome and hence roughly 800 years after the blocking of the aqueducts by the Ostrogoth King Vitiges, the Roman aqueduct Aqua Virgo was again put into working order.

In 1416, Sigismund, King of Hungary and later Emperor of the Holy Roman Empire of the German Nation, paid the pipe-maker Hartmann from Nuremberg 100 guilders for channelling the water of the Danube up to the royal castle of Buda (today part of Budapest). The filtered water was pumped up to the fortress by a gin mechanism. To protect the installation, a rampart – the water rondella – was erected.

After 1476, the Hungarian King Matthias Corvinus (1443-1490) had the yield of three springs conducted into Buda Castle by means of earthenware, wood and lead pipes. From the eastern slope of modern-day Szabadsághegy (Liberty Hill), a pipeline

Stockart'schen Gutes im Berg des Predigerhof hinab vermittels Rinnen, Kämmeln und Röhren hergeleitet wurde." Das Wasser floss am Beginn in offenen Rinnen zum hölzernen Brunnentrog.

Bei Strafe war es verboten, die Brunnen zu verunreinigen; so erfahren wir, dass um 1500 „auf diejenige, so dieselbige (öffentl. Brunnen) mit fägen und wäschen verunsäubern, ist eine Bueß gesetzt von 1 pfund, 5 schillinge …"

Am Hang von Romain Ville wurden vom Orden St. Lazar schon im 12. Jahrhundert Quellen gefasst und die Spenden von 200 bis 250 m3/t durch ein Aquädukt zum Krankenhaus St. Lazar in Paris geleitet, wo an der Mauer ein öffentlicher Brunnen für die Bürger errichtet worden war. 1364 wurde die Anlage von der Stadt Paris übernommen. Zur gleichen Zeit fassten auch die Mönche vom Orden St. Martin des Champs Quellen, und zwar jene bei Belleville und leiteten das Wasser ebenfalls zu ihrem Krankenhaus. Auch dort wurde an der Klostermauer ein Ausflussbrunnen für die Bewohner der Umgebung errichtet. Die Anlage bestand aus einem Aquädukt und einer Verteilungsleitung. Karl VIII. erwarb die Leitung im Jahre 1457 für die Stadt. Gleichzeitig wurde das Aquädukt erneuert.

Um 1377, nachdem der päpstliche Hof von Avignon nach Rom zurückgekehrt war, also etwa 800 Jahre nach Unterbrechung der Aquädukte durch den Gotenkönig Vitiges, wurde die Leitung des römischen Aquäduktes „Aqua Virgo" wieder instandgesetzt.

Sigismund, König von Ungarn und späterer Kaiser des heiligen römischen Reiches Deutscher Nation zahlte dem Röhrenschmied Hartmann aus Nürnberg im Jahre 1416, da dieser das Wasser von der Donau zur königlichen Burg in Ofen (heute ein Teil von Budapest) hinauf leitete, 100 RFt. Das filtrierte Wasser wurde durch die von einem Göpel angetriebene Pumpe in die Festung hinauf gefördert. Zum Schutze der Anlage baute man ein Bollwerk, das Wasser-Rondella genannt wurde.

Nach 1476 ließ der ungarische König Matthias Corvinus (1443 – 1490) die Spenden dreier Quellen durch irdene, hölzerne und bleierne Leitungen in die Festung von Ofen leiten. Von der Ostseite des jetzigen Szabadsághegy (Freiheitsberg) führte die etwa 4 km lange Leitung in die Burg und speiste mehrere Ausläufe. Da der königliche Hof und die Bevölkerung weiterhin an Wassermangel litten, ließ Uläszlö II. um 1500 ein Pumpwerk errichten, das durch ein Trittrad betrieben wurde. Alle drei Wasserversorgungsanlagen fielen der Belagerung von Buda (1686) zum Opfer. Das gleiche Schicksal dürfte auch die Wasserleitung von Pest, die im 15. Jahrhundert erbaut worden sein soll, erlitten haben.

Im Jahre 1488 wurde die erste öffentliche Bergleitung in der Mozartstadt Salzburg errichtet. Vom Gersberg wurde eine Leitung zum Brunnen am Alten Markt geführt, welche aus Tannen- und Lärchenholz bestand. Die Quellfassung bestand aus einem Holzkasten, der später ausgemauert wurde. Fünf aus Eichenholz gezimmerte Brunnenstuben wurden von dieser Leitung gespeist und außerdem 16 Straßen- und Hausbrunnen versorgt.

Die hygienischen Zustände der Zeit ab dem Zerfall des römischen Weltreiches bis zur späten Renaissance, insbesondere die Abwasserbehandlung, können wir uns heute kaum vorstellen. Prächtige Kupferstiche Merians und Schedels Chronik präsentieren schmucke, einladende Städte. In schroffem Gegensatz dazu stand die Verschmutzung, besonders auf Straßen und öffentlichen Plätzen. Zwar gab es einige wohlmeinende Ansätze, aber das war nur der berühmte Tropfen auf den heißen Stein. So erließ Friedrich II. 1234 ein Medizinalgesetz für Neapel und Sizilien. Dieses enthielt das Verbot, giftige Substanzen in das Wasser zu werfen, die den Tod von Fischen herbeiführen könnten, weil dadurch auch Menschen gefährdet seien.

Um 1200 soll in Frankfurt am Main eine einfache Kanalisation vorhanden gewesen sein. Anno 1340 wurde ein

of approx. 4 km length led directly into the castle, feeding several outlets. Since both royal court and population continued to suffer from water shortages, however, King Ladislaus II had a pumping station powered by a tread-wheel built around 1500. All three water supply installations were destroyed in the siege of Buda in 1686. In all likelihood, the same fate befell the water pipeline of Pest, which was probably constructed in the 15th century.

In 1488, the first public mountain pipeline was built in Mozart's birthplace Salzburg. From Gersberg hill, a conduit made of fir and larch wood descended to the fountain at Alter Markt. The spring was tapped inside a wooden enclosure later lined with bricks. Five well chambers made of oak wood were fed by this pipeline, which also supplied 16 street and house wells.

Today it is difficult to even imagine the hygienic conditions prevailing in the period between the decline of the Roman Empire and the late Renaissance, in particular with regard to the treatment of wastewater. The splendid engravings by Merian and Schedel's World Chronicle depict neat, inviting townships. Yet this was in sharp contrast to the very real squalor polluting streets and public squares. While some well-meaning attempts to remedy the situation were made, they were only the proverbial drop in the ocean. Thus in 1234 Frederick II decreed a public health law for Naples and Sicily which forbade the disposal of toxic substances by throwing them into the sea, thereby causing fish mortality, since this would also pose a hazard to humans.

Around 1200, a simple sewer system is believed to have existed in Frankfurt am Main. In 1340, the first sewer was mentioned for Prague, which served the provost's house.

As late as in the 14th century, life in Paris lacked any kind of organised hygiene. Citizens were allowed to chuck anything out of the window at any time of day; this only required prior announcement by shouting three times "Gare à l'eau" ("Beware of the water"). Towards the end of that century, this unpleasant custom was repeatedly banned. Somewhat later, in the early 16th century, every house was obligated by law to have a privy installed.

A memorial plaque on the house in Brandstätte No. 2 affixed to commemorate the Möhrung (canal) built in 1388 recalls the first Viennese sewer. City chronicles of 1445 document several such canals. When brisk construction activities sprang up after the Second Turkish Siege of 1683, the new buildings were also connected to the street sewers.

It is interesting that contamination of the watercourse crossing the imperial city of Nuremberg was effectively prohibited. Already the oldest city statute (1302-1315) declared: "It is hereby decreed by our lords, the citizens, that the Fischbach brook be kept clean both outside the city and inside, to the point where it reaches Spitalertor gate …" No latrines were to be constructed closer to the Fischbach brook than 10 feet; neither was it allowed to empty waste from baths or tanneries into this watercourse. The burghers loved bathing, and as in ancient Rome, public baths were social gathering places. In the 17th century, Nuremberg boasted 13 public baths. In 1660, fully 721 private bath facilities called Bürgerbadestüblein (citizens' baths) were in business – usually eyed with suspicion by the city council because of potential fire risks.

Kanalrohr erstmals in Prag erwähnt, welches das Haus des Probstes entwässerte.

Noch im 14. Jahrhundert herrschten in Paris Zustände, die mit Hygiene nicht annähernd etwas zu tun hatten. Jeder durfte aus dem Fenster gießen wann und was er wollte, wenn er vorher dreimal „gare l'eau" gerufen hatte. Gegen Ende des Jahrhunderts wurde diese Unsitte mehrmals verboten. Später – zu Beginn des 16. Jahrhunderts – wurde dann jedes Haus polizeilich zur Errichtung eines Abortes gezwungen.

Von der ersten Kanalisation Wiens erfahren wir aus einer Gedenktafel am Hause Brandstätte Nr. 2, die zur Erinnerung an die im Jahre 1388 erbaute Möhrung angebracht worden war. Stadtrechnungen des Jahres 1445 bekunden eine größere Anzahl von Möhrungen. Als sich nach der zweiten Türkenbelagerung (1683) eine rege Bautätigkeit entwickelte, erhielten die neuentstandenen Gebäude auch Anschlüsse zu den Straßenkanälen.

Interessant ist, dass in der Reichsstadt Nürnberg die Verunreinigung des durch die Stadt führenden Wasserlaufes tunlichst unterbunden wurde. So lesen wir schon im ältesten Satzungsbuch der Stadt (1302 – 1315): „Ez wellent unser herren die purger, doz man den Vischpach (Fischbach) reyne schuln behalten wzerthalbe (außerhalb) der stat und inerthalben unz als verre, unz (soweit bis) er chumt an spitalertor …" Man verbot, Abtritte näher als 10 Schuh an den Fischbach heran einzurichten, sowie Abwässer aus Bädern oder Gerbereien in diesen zu gießen.

Die Badefreudigkeit der Bürger war ausgeprägt und die Bäder waren wie im Rom der Antike gesellschaftliche Treffpunkte. Im 17. Jahrhundert bestanden in Nürnberg 13 öffentliche Bäder. Im Jahre 1660 waren 721 private Badestuben, man nannte sie „Bürgerbadestüblein", vorhanden, die vom Rat meist mit Argwohn betrachtet wurden – aus feuerpolizeilichen Gründen.

DIE NEUZEIT

Die Wende vom Mittelalter zur Neuzeit brachte eine tief greifende Wandlung auf fast allen Lebensgebieten und wird gekennzeichnet durch Renaissance und Humanismus, die Entdeckungen der Portugiesen und Spanier, die Anfänge eines europäischen Staatensystems, und die Reformation. Diese war als religiöse Revolution die deutlichste Abkehr von der mittelalterlichen Lebensordnung mit ihren festen Bindungen an die römische Kirche.

Die Renaissance nahm die neu gesehene Antike zum Vorbild, wollte sie aber in ihrem gesteigerten Lebensgefühl übertreffen. Man wandte sich immer mehr dem tätigen Leben zu. Die Schriften der griechischen und römischen Gelehrten und Philosophen wurden allgemein bekannt und man versuchte – an das Wissen der Antike anknüpfend – zu Neuem zu gelangen.

In Mainz hatte eben Gutenberg ein neues Verfahren gefunden um Bücher zu vervielfältigen. Er hatte alte Holzschnitte studiert und ein System vervollkommnet, durch das einzelne Buchstaben aus Blei so angeordnet werden konnten, dass sie Worte und ganze Seiten bildeten. Die Zeit, da Gelehrsamkeit ein Monopol weniger Bevorzugter war, ging zu Ende. Man suchte auch mancherlei technische Fragen durch Beobachtung und Versuche zu entscheiden. Man denke nur an Leonardo da Vinci (1452 – 1519). Er war einer der universellsten Genies aller Zeiten, Schöpfer der berühmten Gemälde Abendmahl und Mona Lisa, Naturforscher (Flug der Tiere), Anatom, Mathematiker und Astronom, Kunstwissenschaftler und Ingenieur. Eine Fülle von Erkenntnissen, um Jahrzehnte, ja um Jahrhunderte seiner Zeit voraus (er entdeckte u. a. die Kapilarität), legte er in seinen Tagebüchern und Skizzenblättern nieder. In seinen letzten Jahren arbeitete er – wie Goethes greiser Faust – an der Landgewinnung durch Trockenlegung und der Urbarmachung von Sümpfen.

MODERN PERIOD

The waning of the Middle Ages and the advent of the modern era entailed profound changes in almost all areas of life. This period was characterised by Renaissance and humanism, the Portuguese and Spanish discoveries, the origins of a European state system and the Reformation. As a religious revolution, the latter embodied the most drastic renunciation of the medieval way of life and its close ties to the Roman Catholic Church.

The Renaissance viewed the ancient world as an inspiration but wanted to surpass it by even more intensely celebrating life, thus turning increasingly towards an active attitude to human existence. The writings of the great Greek and Roman scholars and philosophers were widely read, and it was attempted to reach new shores by building on the knowledge of the past.

Johannes Gutenberg of Mainz had invented a new process to reproduce books. He had studied old woodcuts and perfected a system that allowed for the arrangement of individual lead letters so that they would form words and entire pages. The era when scholarship was the monopoly of a few privileged individuals was drawing to a close. Moreover, it was attempted to resolve a bevy of technical problems through observation and experiments. A case in point is Leonardo da Vinci (1452-1519), one of the universal geniuses of all times, creator of the celebrated paintings "The Last Supper" and "Mona Lisa", naturalist (flight of birds), anatomist, mathematician, astronomer, art theorist and engineer. By decades and even centuries ahead of his times in many areas (inter alia, he discovered capillarity), he recorded his findings in diaries and sketchbooks. In

the last years of his life, he dedicated himself – not unlike Goethe's aged Faust – to land reclamation by means of drainage and the cultivation of marshland.
On 5 January 1769, James Watt was granted the seminal patent No. 913 for the first reliably functioning steam engine. This ushered in the industrial revolution, the age of the steam engine. In unprecedented ways, technology was now advanced by a wealth of inventions and the application of exact scientific methods in all areas of knowledge.
For a long time, Toledo had been supplied with water via an old aqueduct. However, the structure fell into disrepair after the expulsion of the Moors from Spain in 1502, and water had again to be carried from the Tagus into the city by donkeys. Originally, it was intended to build a pipeline to the city's fortress, the Alcázar, which is situated at about 90 m above the river; however, this objective failed because of the impossibility to manufacture sufficiently pressure-resistant pipes.
An Italian clockmaker called in Spanish Juanelo Turriano invented a curious water-fetching automaton. After a five-year construction period, his „artifice" was completed and able to transport water to the fortress. It consisted of an oblique structure, on which equally oblique, T-shaped revolving conveyors were mounted; these were moved by special rods (called Nuremberg scissors). The water flowed from one conveyor to the one above until reaching the fortress. The scissors were operated via numerous rods, cogs and levers powered by a waterwheel at the river (which at the same time also lifted water into the bucket elevator). Every hour, this unique invention (Fig. 28) transported 675 litres of water over a distance of 600 m while lifting it to a height of approx. 90 m. Turriano's contemporaries

Am 5. Jänner 1769 erhielt James Watt jenes denkwürdige Patent No. 913 für die erste brauchbare Dampfmaschine. Damit begann die industrielle Revolution, das Zeitalter der Dampfmaschine. In ungeahnter Weise wurde die Technik durch verschiedene Erfindungen und Anwendung exakter wissenschaftlicher Methoden auf allen Gebieten vorangetrieben.
Toledo war lange Zeit durch ein altes Aquädukt mit Wasser versorgt worden. Allerdings verfiel dieses nach der Vertreibung der Mauren aus Spanien (1502) und das Wasser wurde wieder auf Eselrücken vom Fluß Tejo in die Stadt gebracht. Ursprünglich wollte man eine Rohrleitung zur Festung Alkazar, die etwa 90 m höher als der Fluss liegt, bauen, konnte jedoch nicht genügend druckfeste Rohre herstellen.
Ein italienischer Uhrmacher, namens Juanelo Turriano, erfand eine kuriose Anlage zum Transportieren des Wassers. Nach fünfjähriger Bauzeit wurde seine „Maschine" endlich fertig und leitete das Wasser zur Burg hinauf. Man hatte eine schräge Konstruktion errichtet, auf der ebenfalls schräg angebrachte, T-förmige Schwingrinnen montiert waren, die durch besondere Gestänge (sogenannte Nürnberger Scheeren) bewegt wurden. Das Wasser floss dabei von einer Rinne zur nächst höheren und erreichte schließlich die Festung. Bewegt wurden die Scheeren durch viele Gestänge, Zahnräder und Hebel, die von einem Wasserrad (welches gleichzeitig auch das Wasser in das Becherwerk hob) im Fluss angetrieben wurden. Stündlich brachte dieses einzigartige Werk (Abb. 28) 675 l über 600 m Entfernung auf ca. 90 m Höhe. Turrianos Zeitgenossen behaupteten, er könne Wasser bergauf fließen lassen.
Nach einem verheerenden Brand im Jahre 1526 hat Kaiser Ferdinand I. den „Stadtrath" von Wien aufgefordert, eine Wasserleitung zu bauen, damit eine größere Wassermenge bei Feuersbrünsten zur Verfügung stünde. Erst

nach dem Ableben des Kaisers entschloss man sich, die Quellen zwischen Hernals und Dornbach zu fassen und in die Stadt zu leiten. Im städtischen Archiv wird ein „Conzessionsbrief" aufbewahrt, datiert vom 12. August 1565, in dem Adam und Simon Geyer von Osterburg der Stadt Wien gestatteten: „… zu gemainer Stat und ganzer Landsnothdurst Röhrprunnen mit Ihren großen merklich Uncosten aus einem Casten außerhalb Hernals auf der linkhen Seiten zwischen des Weingepurgs und des Fahrtwegs gegen Dornpach und dann zum Thail Wasser aus der gemain Prunnen im Dorf Hernals in die Stat Wien fueren zu lassen …". Die Spenden dieser Quellen scheinen nicht ausgereicht zu haben, da man ähnliche Konzessionen und Kontrakte wiederholt in den Archiven findet.

Von den Fassungen der Quellen im Tal des Alsbaches zwischen Dornbach und Hernals leitete man das Wasser mittels eines gemauerten Kanals und eines sechszölligen Rohres in einen Behälter bei Hernals, von wo es ebenfalls in Rohren, die teilweise in gemauerten, abgedeckten Kanälen lagen, bis zum Stadtwall floss. Von der Fortifikation lief das Wasser in Bleirohren zu mehreren Brunnen des damaligen Stadtgebietes (bis zum Hohen Markt), wo es die Ausläufe speiste.

Allerdings errichtete man schon in den Jahren 1552/53 eine Hofwasserleitung (k.k. Siebenbrunner Hof-Wasser-

Abb. 28: Die Wasserkunst von Turriano in Toledo.

claimed that he was able to make water run uphill.

After a disastrous fire in 1526, Emperor Ferdinand I requested Vienna's city council to build a pipeline to ensure adequate volumes of water for fire-fighting. Yet it was only after the Emperor had passed away that it was decided to tap the springs between Hernals and Dornbach and channel them into the city. The collections of Vienna's City Archive contain a concession letter dated 12 August 1565, in which Adam and Simon Geyer von Osterburg permit the city of Vienna: "… despite the considerable additional cost and for the benefit of the city and region as a whole, to conduct piped water to the city of Vienna from a reservoir outside Hernals on the left bank between the vineyards and the driveway to Dornbach, as well as part of the water from the public wells in the village of Hernals …" The yield of these springs does not seem to have been adequate, since several similar concessions and contracts can be found in the archive.

From the well-tapping points in the Alsbach valley between Dornbach and Hernals, the water was channelled in a brick-built conduit and a six-inch pipe into a reservoir near Hernals, from where it was transported to the city walls, again in pipes partly housed in covered brick ducts. From the fortifications, the water was conducted in lead pipes to several wells on the then city territory until arriving at Hoher Markt, where it fed the outlets.

However, the very first water pipeline dates back to 1552/53. It was a dedicated court conduit (called Siebenbrunner Hof-Wasserleitung) that conveyed the water from a well chamber erected on the meadow Siebenbrunner Wiese in the village of Matzleinsdorf by means of pipes to Reinprechtsdorf and Margareten (former suburbs that today form part of Vienna's municipal territory), on to Favorita Palace (later the college Theresianische Akademie) and, passing the bridge across Wien River at Wieden, to the reservoir below the Augustinerbastei bastion. The pipeline supplied the imperial palace as well as several private properties.

In earlier centuries, water for household use came from wells and probably also from nearby branches of the Danube. For example, a well ("Ratprunn im Rotgäzzlein") is mentioned in 1387. In 1548, Schmelzl writes: "Every house has its well, provided with chains and ropes …"

Starting in the 13th century, there are records of public baths, some of which were privately owned (Badestuben). They were supplied by draw-wells or water transported in vats.

Vestiges of a water pipeline from 1310 were discovered below today's Tuchlauben street in the 1st municipal district. Unfortunately, written records are missing. However, it is likely that a well already existed on Graben in 1368. In 1456, its spouts were allegedly decorated with lion's heads. These bits of information strongly point towards the existence of a water supply line.

leitung), die das Wasser einer Quellstube auf der Siebenbrunner Wiese in Matzleinsdorf in Rohren über Reinprechtsdorf und Margarethen (heute gehören diese ehemaligen Vorstädte zum Wiener Stadtgebiet) in die Theresianische Akademie sowie über die Wiedner Wienflussbrücke zum Behälter unter der Augustinerbastei leitete. Neben der kaiserlich-königlichen Hofburg wurden auch einige Ausflüsse von privaten Häusern gespeist.

In früheren Jahrhunderten wurde das Wasser wahrscheinlich vom Brunnen und von den nahen Donauarmen zu allen häuslichen Zwecken geholt. So wird z. B. im Jahre 1387 der „Ratprunn im Rotgäzzlein" erwähnt. Schmelzl schreibt 1548: „Ein yedes hauß hat auch ein prunn, mit ketten und saylen wol versehen …"

Ab dem 13. Jahrhundert werden auch Bäder erwähnt, die teilweise in Privatbesitz waren und als „Badestuben" verzeichnet sind. Das Wasser beschaffte man aus Schöpfbrunnen oder führte es zu.

Spuren einer Wasserleitung aus dem Jahre 1310 fand man unter den Tuchlauben im heutigen 1. Bezirk. Leider sind keinerlei schriftliche Hinweise vorhanden. Allerdings soll am Graben im Jahre 1368 ein Brunnen bestanden haben, dessen Auslaufrohre 1456 mit Löwenköpfen geschmückt worden sein sollen. All diese Hinweise lassen das Vorhandensein einer Wasserleitung wahrscheinlich erscheinen.

Aus einer Schilderung der Belagerung durch Kaiser Friedrich (1462) geht hervor: „Zu der uest waz gelegt ein prunn, den verriet diser Bube, daz man uns den abgrube". Aus diesen Worten kann auf den Bestand einer alten Wasserleitung geschlossen werden. Im Jahre 1561 lesen wir über „ausfleussend Wasser beym alten Kärntnerthor". 1586 wurde der Kanal der früheren „Aqua Alexandrina" ausgebessert und die Spende der Quelle in der Nähe der Ortschaft Pantano nach Rom geleitet. Das Aquädukt wurde „Aqua Felix", nach Papst Sixtus V., Felice Peretti, benannt.

Im Jahre 1610 ließ Papst Paul V. den ehemaligen trajanischen Kanal (Aqua Traiana) wieder herstellen und das Wasser in die ewige Stadt leiten. Er wurde nach ihm „Paulus-Aquädukt" benannt. Seit 1694 wird auch aus dem Bracciansee Wasser entnommen und in die Leitung gespeist.

Unter der Fahne des Kreuzes marschierten die spanischen Konquistadoren und eroberten Tenochtitlan, die spätere Hauptstadt Mexico City (um 1520). Cortez berichtet uns, dass die Stadt durch vier Dämme mit dem Festland verbunden war. Wir lesen weiter: „… entlang dieses Dammes sind zwei Röhren gebaut, jede zwei Doppelschritte breit und etwa mannshoch. In der einen fließt sehr klares und frisches Wasser, die zweite nahm man nur dann in Betrieb, wenn die erste gereinigt wurde". Kein anderes großes Wasserversorgungssystem der Azteken ist aus ihrer Jahrtausende währenden Entwicklungsgeschichte bekannt. Tlaloc, dem allgewaltigen Herrscher des Regens wurden tausende und abertausende Gefangene geopfert, um sein Wohlwollen zu erbitten. Im Garten des Königs Nezanalcoyotl in Texcoco waren – wie Bernal Diaz beschrieben hat – zahlreiche Springbrunnen, Wasserbecken und Kanäle.

Eines Tages (1863) fand ein Besucher der königlichen Bibliothek zu Madrid beim Stöbern ein sehr altes, vergilbtes Manuskript. Der Titel lautete: „Relación de las cosas de Yucatán". Es trug die Jahreszahl 1566. Als Verfasser zeichnete ein gewisser Don Diego de Landa. Jeder gewöhnliche Besucher hätte die Schrift wieder zurückgelegt. Zufällig war Charles Etienne Brasseur de Bourbourg einer, der sich dem Studium der einstigen Kultur der Mayas verschrieben hatte.

Er sah sich das Schriftstück genauer an und machte eine äußerst wichtige Entdeckung. Im Buch des Bischofs Landa hat man zum erstenmal die Erzählung von dem Heiligen Brunnen, dem „Cenote" von Chichen Itza, gefunden.

An account by Emperor Frederick III of being besieged in his Viennese palace by an angry population in 1462 states that: "On the western side, there was a well whose existence was betrayed by that knave, so that we would be cut off." This indicates the existence of an old water pipeline. We also read of a water discharge near the old Kärntnertor gate in 1561.

In 1586, the conduit of the former Aqua Alexandrina was repaired, and the yield of the spring near the village of Pantano channelled to Rome. The aqueduct was called Aqua Felix after Pope Sixtus V (born Felice Peretti).

In 1610, Pope Paul V had the former aqueduct of Emperor Trajan (Aqua Traiana) restored and the water brought to the Eternal City. The structure was named Pauline Aqueduct in his honour. Since 1694, water was also abstracted from Lake Bracciano and fed into this pipeline.

Under the banner of the cross, the Spanish conquistadores invaded and conquered Tenochtitlan, later Mexico City (circa 1520). Cortés narrates that the city was connected to the mainland by four dikes and continues: "... along this dike, two pipes have been built; either of them is two strides wide and about as tall as a man. One carries very clear and fresh water; the other one was only taken into operation when the first one was being cleaned." This is the only large-scale water supply system that we have records of over the millennial history of the Aztec people. Many thousands of captives were sacrificed to win the favour of Tlaloc, the omnipotent lord of rain. Numerous fountains, water basins and canals adorned the gardens of King Nezahualcoyotl in Texcoco, as Bernal Diaz reports.

One day in 1863, a visitor browsing the Royal Library in Madrid found an ancient, yellowed manuscript with the title "Relación de las cosas de Yucatán", dated 1566. Its author was a man called Don Diego de Landa. An ordinary visitor would very likely have replaced the manuscript and thought no more about it. But the gentleman in question was Charles Etienne Brasseur de Bourbourg, who had dedicated his life to the study of the ancient Mayan civilisation.

He had a closer look at the fascicle and made a seminal discovery. This book by Bishop de Landa contains the first rendering of the story of the Sacred Well, the Cenote of Chichen Itza. De Landa recounts how in times of drought processions of priests and common citizens moved in stately pace along the wide city streets towards the well, hoping to placate the angry rain god. Sacrificial victims – young maidens and youths – were brought along to invoke the god's clemency. After solemn ceremonies, the victims were stunned and thrown into the well, he narrates, together with rich offerings. The maximum diameter across the mouth of the well was approx 70 m; Thompson measured its depth at 25 m. At the bottom of the well, figures made of cut jade and wrought gold and copper sheeting as well as frankincense resin and skeletons were found.

Similar wells were built in other spots for drinking water purposes. The water was brought up in vessels by using high ladders. Brick tanks and cisterns were also constructed to counteract rainwater seepage. In Kabah, for example, water was conducted into a reservoir through pipes.

Vast structures had to be erected in this hot land to irrigate the fields. In the mid-15th century, the Inca ruler Pachacuti had e.g. a canal dug because a girl was

Auf breiten Straßen seien in der Dürre die Prozessionen der Priester und des Volkes dahingezogen zum Brunnen, um den Zorn des Regengottes zu beschwichtigen. Die Opfer – junge Mädchen und Jünglinge – hätten sie mit sich geführt, welche den Gott gnädig stimmen sollten. Nach feierlichen Zeremonien wurden sie betäubt und dann in den Brunnen gestoßen. Auch reiche Gaben wurden nachgeworfen. Die größte Entfernung der Brunnenränder voneinander betrug etwa siebzig Meter; Thompson stellte mit 25 m die Tiefe fest. Auf dem Grund des Brunnens fand man in Jade geschnittene und in Gold- und Kupferplatten gehämmerte Figuren, Harzweihrauch und Skelette.

Ähnliche Brunnen wurden an anderen Stellen für Trinkwasser errichtet. Das Wasser wurde in Gefäßen über hohe Leitern geholt. Auch wurden gemauerte Behälter und Zisternen erbaut, um ein Versickern des Regenwassers zu vermeiden. In Kabah z. B. wurde das Wasser durch Röhren in ein Reservoir geleitet.

Gewaltige Wasserbauten mussten im Reich der Sonne errichtet werden, um die Felder bewässern zu können. So ließ in der Mitte des 15. Jahrhunderts der Inkaherrscher Pachacuti einen Kanal graben, weil ein Mädchen ihr Jawort davon abhängig machte, dass es im Tal wo es lebte, genügend Wasser gäbe. 40.000 Menschen sollen daran gearbeitet haben. Eine der Wasserleitungen der Inkas hat die enorme Länge von 720 km erreicht. Man hat hier Quadratsteine zum Kanalbau verwendet, die fugenlos aufeinander gelegt wurden. Ein spanischer Chronist berichtet über die Hauptstadt Cuzco, wo Wasserreservoire von riesigen Ausmaßen und unterirdische Kanäle, die mit Steinplatten abgedeckt waren, aufgefunden wurden. In Tampu Machay war auch ein Bad vorhanden. Machu Picchu, die „vergessene" Bergfestung der Inkas, besaß neben den wundervollen Bewässerungsanlagen auch eine funktionierende Wasserversorgung.

Abb. 29: Das städtische Brunnenhaus zu Salzburg (1548).

Caracas, die Hauptstadt der angehenden Kolonie, die von Diego de Losada 1567 gegründet wurde, besaß eine primitive, aber gut funktionierende Wasserversorgung. Am 3. Oktober 1573 wurde genehmigt, das kostbare Nass durch Kanäle in die Häuser zu leiten. Im Jahre 1600 ordnete der Stadtrat an, Rohrleitungen zu verlegen. Vom naheliegenden Fluss Catuche floss dann das Wasser durch die einzelnen Grundstücke, wo es immer für kurze Strecken in einen offenen Kanal überging, aus dem dann die Bewohner das Wasser schöpften.

Wohl eines der ältesten Wasserwerke wurde unter Bürgermeister Hans Zachner anno 1548 in Salzburg errichtet. Man wollte damit die Wasserversorgung der jetzigen Altstadt verbessern und errichtete ein Brunnhaus (Abb. 29) nahe dem Bürgerspital am Gries. Das Wasser wurde

only willing to enter into marriage if her home-valley could be amply supplied with water. It is believed that 40,000 workmen were employed in this project. One of the Inca water conduits attained the incredible length of 720 km. Square stone blocks joined seamlessly were used to build it. A Spanish chronicler describes how water reservoirs of gigantic dimensions and subterranean canals covered with stone slabs were found in the capital Cuzco. A bathing place was discovered in Tampu Machay. In addition to its marvellous irrigation engineering, Machu Picchu, the "forgotten" mountain fortress of the Inca, also boasted a functioning water supply system.

Caracas, the capital of the new colony founded by Diego de Losada in 1567, disposed of a primitive but efficient water supply network. On 3 October 1573, a permit was issued to convey water through conduits into the houses. In 1600, the city council ordered the laying of pipelines. The water flowed from the nearby river Catuche through the individual properties, where it ran for stretches in an open conduit, allowing the local population to scoop water.

One of the oldest waterworks in history was built in 1548 in Salzburg during the term of office of Mayor Hans Zachner. With the aim of improving the water supply of what today is the old city, a well-house was built (Fig. 29) near the Bürgerspital (hospital) in the lane Am Gries. The water was pumped from the well shaft into the water-tower, from where it flowed in wood pipes to the different outlet points. Waterwheels powered by a branch of the Almkanal drove the pumps. This water was referred to as barely fit for drinking. The waterworks, which supplied 161 wells and slightly under 4,000 inhabitants, produced 119 steften (approx. 17 litres per second). At the same time, it also fed seven public street wells.

During dry spells, the primary well's water level was so low that water from the so-called Darmkanal had to be admixed to the groundwater to be able to supply all wells.

Prince-Archbishop Count Guidobald of Thun (who held this office from 1645 to 1668) had an ornate monumental fountain hewn from Untersberg rock in Salzburg's Residenzplatz. The water required for this purpose was transported via a pipeline of 9 km length from the slopes of Untersberg hill. The construction work was supervised by Tommaso di Garone from Italy, while the Dutchman Andreas Vanderwalt and the court's well inspector Rupert Kraimoser were in charge of the supply pipeline. 3,237 larch wood pipes with a clear width of 4 to 5 inches were drilled. The pipeline was unable to withstand the massive pressure, and thus 30,000 guilders had to be spent on the necessary repairs.

In 1679, Prince-Archbishop Count Max Gandolph of Kuenburg, the successor to Count Guidobald of Thun, built a new pipeline from the springs of the Hellbrunn Sternweiher pond to the city. A well-house (Fig. 30), from where water was pumped into the city, was constructed in Brunnhausgasse lane. The pumps were driven by a branch of the Almkanal.

In those days, only truly affluent persons could afford a water connection. An old invoice issued in Salzburg provides: "Firstly, according to the city council minutes, a quantity of well water was sold to the residence of Count Lodron at Mirabell as per 10 March 1631 and paid for on the same date with the sum of 800 guilders."

About four decades later, in 1679, Rupert Kraimoser (who designed the Hellbrunn water pipeline of 4,800 m length) was duly paid 719 guilders.

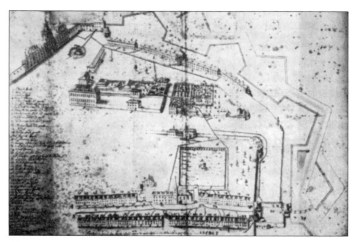

Abb. 30: Die sogenannte Hofbrunnenleitung von Salzburg um 1730.

mittels Pumpen aus dem Brunnenschacht in den Wasserturm gehoben, von wo es in hölzernen Rohren zu den Brunnenausläufen floss. Wasserräder, die von einem Almzweigkanal die nötige Energie erhielten, trieben die Pumpen. Als gerade noch genießbar wurde dieses Wasser bezeichnet. 119 Steften betrug die Leistung dieses Werkes, welches 161 Brunnen und damit nicht ganz 4.000 Einwohner versorgte. Gleichzeitig wurden davon auch 7 öffentliche Straßenbrunnen gespeist.

Zu trockenen Zeiten war der Wasserspiegel im Brunnen derart niedrig, dass dem Grundwasser Wasser aus dem sogenannten Darmkanal beigemischt werden musste, um alle Brunnen versorgen zu können.

Auf dem Residenzplatz zu Salzburg ließ Fürsterzbischof Guidobald Graf Thun (er residierte von 1645 bis 1668) einen monumentalen Zierbrunnen aus dem Fels des Untersberges errichten. Das dazu benötigte Wasser ließ er vom Hang des Untersberges durch eine rund 9 km lange Leitung heranführen. Thomaso di Garone aus Italien lei-

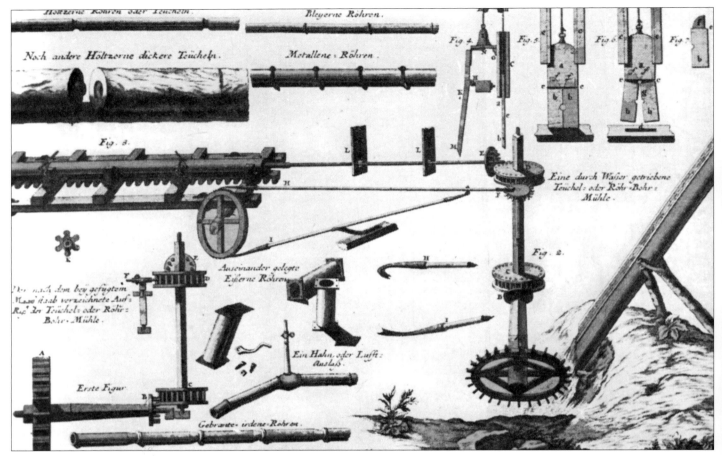

Abb. 30a: Bohrmaschine mit Wasserradantrieb für die Fertigung von Holzrohren.

tete die Bauarbeiten, während Vanderwalt aus Holland und der Hofbrunnenmeister Rupert Kraimoser für die Zuleitung verantwortlich waren. 3.237 Röhren aus Lärchenholz wurden gebohrt, deren lichte Weite 4 – 5 Zoll betrug. Die Leitung vermochte den hohen Druck nicht auszuhalten und für die notwendig gewordene Reparatur mussten 30.000 fl. ausgegeben werden. Erzbischof Max Gandolph, Graf von Khuenberg (der Nachfolger von Guidobald Graf Thun) ließ im Jahre 1679 eine neue Leitung

On Isarberg hill, a well-house was built before 1554, probably around 1550, for the water supply of the electoral residence Munich. For the well-house, a shaft well was sunk. From here, pumps transported the water to the reservoir housed in a tower adjacent to the well-house (Fig. 31). The pumps were driven by water-wheels installed in the Stadtbäche brooks. The tanks mounted in the tower were made of copper; the water flowed into public fountains and connected houses via wood pipes. In 1554, the city of Munich commissioned the clockmaker Hans Gasteiger to design the well-house at Neuhausertor (after 1791, it was known as the well-house at Karlstor gate) inside the double city wall. The well-house on Lilienberg (another hill) was built around 1561 on behalf of the city as well. Less than a year later, Duke Albrecht V had the well-house at Schwabingertor gate ("Brunnhaus am Hofgarten") erected.

Munich actually disposed of two supply systems as the ducal court had its own well-houses constructed, although these also supplied nearby citizens' houses. The municipal well-house supplied the south and the ducal one the north of the flourishing city.

In the early 17th century, the number of water supply facilities began to increase rapidly. Around 1597, the Neudeck well-house, which was probably identical to the well-house built in the same year by Duke Ferdinand for his residence in Rindermarkt square, was put into place.

On 26 March 1514, Emperor Maximilian I ordered the monks of Säusenstein Abbey by letter to have pipes laid through their vineyards to the well at Krems (the famous winegrowing town in Lower Austria), whose construction he had decreed. In 1521, "the wood pipes were laid at three-quarters of an hour distance from Alauntal valley and the water collected in the main market square in a capacious

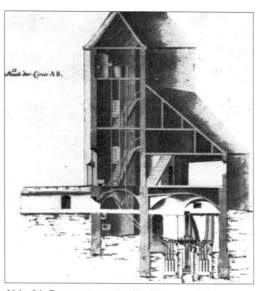

Abb. 31: Brunnenhaus der Kurfürstenstadt München.

von den Quellen des Hellbrunner Sternweihers in die Stadt errichten. In der Brunnhausgasse wurde ein eigenes Brunnhaus (Abb. 30) errichtet, von wo das Wasser in die Stadt gepumpt wurde. Ein Abzweiger des Almkanals lieferte die nötige Energie für die Pumpen.

Nur wirklich vermögende Leute konnten sich zu jener Zeit einen Anschluss zur Wasserleitung leisten. Aus einer alten Salzburger Rechnung erfahren wir Folgendes: „Erstlich wurde inhalt Stattraths Protokoll sub dato; 10 Marty Ao: 1631 der hochgräfl. Lodronischen Behausung zu Mirabell ein Zall Prunwaßer verkhaufft, und dafür undter bemelten Dato bezahlt 800 fl. Gulden."

Vierzig Jahre später (1679) erhielt Rupert Kraimoser (er errichtete die Hellbrunner Wasserleitung mit einer Länge von 4.800 m) dafür 719 Gulden.

Am Isarberg wurde vor 1554, wahrscheinlich schon um 1550 ein Brunnenhaus für die Wasserversorgung der kurfürstlichen Stadt München errichtet. Für das Brunnenhaus hatte man einen Schachtbrunnen niedergebracht, aus dem die Pumpen das Wasser in das Reservoir, welches in einem der dem Brunnenhaus benachbarten Türme untergebracht (Abb. 31) war, förderten. Zum Antreiben der Pumpen hat man Wasserräder verwendet, die in die Stadtbäche eingebaut waren. Die Behälter in den Türmen waren aus Kupfer. Das Nass strömte in hölzernen Röhren in die öffentlichen Brunnen und die angeschlossenen Häuser. Im Jahre 1554 wurde im Zwinger beim Neuhausertor „das Brunnenhaus am Neuhausertor" (ab 1791 ist es unter dem Namen Karlstorbrunnenhaus bekannt) von dem Uhrmacher Hans Gasteiger für die Stadt erbaut. Das Brunnhaus am Lilienberg wurde um 1561 für die Stadt München errichtet. Kaum ein Jahr später ließ Herzog Albrecht V. das Brunnhaus vor dem Schwabingertor (Brunnhaus am Hofgarten) erbauen

München besaß eigentlich zwei Versorgungssysteme, da der herzogliche Hof eigene „Hofbrunnhäuser" errichten ließ, die aber auch die benachbarten Bürgerhäuser versorgten. Das städtische Brunnenhaus versorgte den Süden, das herzogliche den Norden der aufblühenden Stadt. Am Anfang des 17. Jahrhunderts erhöhte sich die Anzahl der Wasserversorgungsanlagen rapid. Um 1597 wurde das „Brunnhaus am Neudeck", welches mit dem von Herzog Ferdinand im selben Jahr für seine Residenz am Rindermarkt erbauten Brunnhaus identisch sein dürfte, errichtet.

Kaiser Maximilian I. hat am 26. März 1514 in einem Schreiben an das Kloster Säusenstein verlangt, dass die Röhren zu dem geröhrten Brunnen zu Krembs (Krems, der berühmte Weinort in Niederösterreich), den er zu errichten befohlen habe, im klösterlichen Weingarten gelegt werden sollten. Anno 1521 wurden „die hölzernen Rohre dreiviertel Stunden vom Alauntal weit gelegt und auf dem Hohen Markte in einem geraumen Brunnenkorb das Wasser gesammelt". Aus einem Rechenschaftsbericht des Jahres 1580 entnehmen wir, dass „ein geröhrter Brunnen" am täglichen Markt errichtet wurde. Später wurden dann auch private Abzweigungen geduldet.

In Scharpfs Röhrenmeisterbuch werden neben den schon genannten, weiteren Leitungen der Reichsstadt Nürnberg aufgezählt. So die Schildbrunnleitung und die um 1585 von St. Peter in die Stadt führende Schüttleitung. Vom Lochgefängnis hat die Lochwasserleitung ihren Namen; sie tritt in dessen Nähe in das Rathaus ein. 1543 wurde für diese Leitung ein etwa 970 m langer Stollen mit 1,20 m Breite und etwa 1,90 m Höhe, der das Rathaus von Nürnberg mit einer Kasematte der Burgbas-

vat". An account of 1580 tells us that a fountain with piping was built in the square used for the daily market. Private branch lines were tolerated at a later date.

In addition to those mentioned above, Scharpf's manual for pipeline and well inspectors lists a few other water conduits in the imperial city of Nuremberg, e.g. the Schildbrunnleitung and Schüttleitung, which was built around 1585 to link St. Peter's to the city. The name of the Lochwasserleitung is derived from the city dungeon (Lochgefängnis, so called because of the cramped cells, "Loch" meaning "hole"), since it was here that this pipeline entered Nuremberg City Hall. A gallery of roughly 970 m length with a width of 1.20 m and a height of approx. 1.90 m was built for this purpose in 1543, thus connecting Nuremberg City Hall with a casemate of the castle bastion. The upper part is hewn from the rock, while the lower one is built with sandstone blocks. In Endres Tucher's lifetime, the water fed the pipes in Milchmarkt square.

Apart from the Lochwasserleitung, the castle rock was permeated by numerous other water-producing galleries as well. While vertical well sinking was hardly promising in the Keuperfelsen, a stratum with only few water-bearing layers, horizontal gallery driving produced an adequate water volume. The majority of Nuremberg's citizens were supplied by draw-wells. A manuscript from 1798 specifies the existence of 116 public draw-wells. At the time, the housing stock register of the city listed 3,282 residential buildings; thus several references assume the existence of approx. 3,000 private wells. Already in 1459, the builder's manual by Endres Tucher records 99 public draw-wells. The public wells ("Brunnen auf der Gemein") were not exclusively built and maintained at the city council's expense, as the builder's manual notes: "This rent is taken by the well inspectors, who are assigned by the chief well inspector to the very well for which payment has been made." The neighbourhood residents thus had to pay a certain fee for the upkeep of the local draw-well.

Müllner's "Annals of the Imperial City of Nuremberg" of 1582 report that the founder Georg Labenwolff was to deliver a pump-driven jet fountain to the king of Denmark in the following year. As a result, the city of Nuremberg, too, wanted such an installation. On a suggestion by the pipe-maker Hansen Löhners, the council had "a tower built … thus the water of the Fischbach brook was raised by a wheel, pumps and brass pipes to the highest room in the tower. The water was then conducted to the cemetery of St. Lawrence and also delivered to the houses of sundry citizens." This was actually the first waterworks of the city and called Waterworks at Frauentor Gate (starting in the 17th century, it was referred to as "Blausternwerk").

In addition to feeding the Fountain of the Virtues north of the Church of St. Lawrence, it was the main purpose of this facility to supply an approx. 2,350 m long pipe network that delivered water to seven public and 59 private buildings. The pump was driven by a water-wheel installed in the Fischbach brook and also sported a gin for low water periods.

Around 1620, the Almosmühlwerk was erected. This installation was powered by a water-wheel installed at the Almosmühle, a mill on the Fischbach brook, and boosted the output of the City Hall Fountain, which was in its turn fed by the Lochwasserleitung pipeline. 1687 saw the construction of the

tei verband, gebaut. Der obere Teil ist in Fels gehauen, der untere besteht aus Sandsteinquadern. Das Wasser speiste zu Tuchers Zeiten die „rören" am Milchmarkt.

Außer der Lochwasserleitung wurde der Burgfelsen auch von vielen anderen Stollen durchzogen, die zur Wassergewinnung dienten. Eine gewöhnliche Brunnenbohrung verspricht im Keuperfelsen, der nur wenig wasserführende Horizonte hat, kaum Erfolg, dagegen muss ein horizontaler Vortrieb von Gängen ausreichende Mengen an Wasser sammeln.

Die Versorgung des größten Teiles der Bevölkerung erfolgte in Nürnberg hauptsächlich durch den Schöpfbrunnen. Eine Handschrift nennt im Jahre 1798 etwa 116 öffentliche Ziehbrunnen. Zu jener Zeit existierten laut Quartierliste 3.282 Wohnhäuser in Nürnberg und mehrere Quellenangaben rechnen daher mit etwa 3.000 Privatbrunnen. Schon 1459 waren nach Angabe des Baumeisterbuches von Endres Tucher 99 öffentliche Schöpfbrunnen vorhanden. Die „Brunnen auf der Gemein", also die öffentlichen Anlagen, wurden nicht ausschließlich auf Kosten des Rates errichtet und instandgehalten. Dies entnehmen wir dem Baumeisterbuch: „Solich zins nemen ein die prunnmeister, die dann durch die obersten prunnmeister zu denselben prunnen, dazu das gelt geschickt ist, gesetzt sein." Die Bewohner der umliegenden Häuser mussten also für den Unterhalt des Ziehbrunnens bestimmte Beiträge entrichten.

In Müllers Annalen aus dem Jahre 1582 wird berichtet, dass der Rotschmid Georg Labenwolff im nächsten Jahr einen von einem Pumpwerk betriebenen Springbrunnen an den dänischen König lieferte. Danach wollte man auch eine ähnliche Anlage für die Stadt Nürnberg errichten lassen. Auf Vorschlag des Röhrenmeisters Hansen Löhners ließ der Rat „einen Turm … bauen, in welchem der Fischbach vermittelst eines rades durch pumpwerk und mössene röhren das Wasser in das höchste gemach des turms hinaufhebt. Das hat man hiernach auf St. Laurenzkirchhof geführt, auch entlichen bürgern davon in ihre häuser mitgeteilt." Diese Anlage ist eigentlich das erste Wasserwerk der Stadt, welches „das Wasserwerk vor dem Frauentor" (ab dem 17. Jh. hieß es „Blausternwerk") genannt wurde

Der Hauptzweck dieses Werkes war es, neben der Speisung des Tugendbrunnens an der Lorenzkirche, auch die Versorgung eines etwa 2.350 m langen Rohrnetzes, das sieben öffentliche und 59 private Gebäude mit Wasser belieferte, sicherzustellen. Die Pumpe wurde mit einem Wasserrad vom Fischbach aus angetrieben. Für Zeiten da wenig Wasser war, war sie auch mit einem Göpel versehen.

Um 1620 wurde dann das sogenannte Almosmühlwerk errichtet, welches von einem Wasserrad der am Fischbach gelegenen Almosmühle betrieben wurde und die Leistung des Rathausbrunnens, der von der Lochwasserleitung gespeist wurde, erhöhte. Im Jahre 1687 entstand das Nägeleinswerk, das ursprünglich eine Mühle war und den sogen. Wasserspeier versorgen sollte, welcher zu Ehren von Kaiser Leopold (er hatte einen Sieg über die Türken errungen – Wien 1683) auf dem Neuen Bau geschaffen wurde. Vom Abfluss der beiden letztgenannten Brunnen wurden auch einige Hausanschlüsse betrieben. Um 1659 wurde eine kleinere Anlage, das „Pumpwerk am Mohrenkopfgraben" errichtet, welches nur dazu diente, das Wasser einer Quellenleitung über die Stadtmauer zu heben.

Auch Nutzwasserleitungen waren im 16. Jahrhundert in der Reichsstadt vorhanden. Die „Waschwasserleitung" führte vom Bleichweiher bei St. Peter zum städtischen Waschhaus auf dem Brunnenschütt. Anno 1700 wurde dann das Großweidemühlwerk, welches Wasser in ein Reservoir im Turm der Heiligen-Kreuz-Kirche pumpte, errichtet. Von dort wurde das Wasser in die Gärten geleitet.

Nägeleinswerk, originally a mill designed to feed the water-spout installed in honour of Emperor Leopold (for his 1683 victory over the Turks in Vienna) in Neuer Bau, today's Maxplatz. Several house connections were likewise supplied by the yield of the latter two fountains. Around 1659, a small facility, the Am Mohrenkopfgraben pumping station, was set up; its sole purpose was to make the water of a spring pipeline pass over the city walls.

Service water conduits, too, existed in 16th-century Nuremberg. A "washing water conduit" led from the Bleichweiher pond near St. Peter's to the municipal washhouse on Brunnenschütt. The Grossweide mill, which pumped water to a reservoir in the tower of the Church of the Holy Spirit, dates from 1700. From there, the water was transported to the gardens.

Water consumption rights in Nuremberg were subject to a purchase agreement, with the city council acting as seller. The tariff was calculated on the basis of quantity (buckets per hour) and took the form of a one-time-only payment. Annual fees to be paid on a permanent basis were only charged to the users of service water conduits fed by the Fischbach brook.

In France, Henry IV (1589-1610) had a pumping station driven by a water-wheel built on the Seine at Pont Neuf. Called Pompe de la Samaritaine, it supplied the Tuileries Palace, the Louvre as well as several public buildings on the right bank of the Seine (Fig. 32).

The same king also ordered the restoration of the Roman aqueduct of Arcueil, which had been destroyed by the Normans in the 7th century, in order to supply the left bank of the Seine. These works were only completed after his death by Marie de Medici.

In 1623, Louis XIII had a new pumping station built on the Seine; unfortunately, it was soon carried away by a flood. A successor plant was set up at Pont Royal.

In 1671/72 and 1695, two pumping stations were constructed on an initiative of Jean-Baptiste Colbert, Minister of Finance (the second only after his death). The plant at Pont Notre-Dame functioned into the 18th century, supplying 63 public fountains with roughly 700 cubic metres/day, augmented by several feeder pipes. While most inhabitants of Paris had their own wells, the water quality was low due to subsoil contamination. Louis-Sébastien Mercier, a contemporary of Louis XV, recounts that the bread of many bakeries had a putrid taste. To improve water quality, some bakers used sand and stone filters. Major filtering plants were established between 1750 and the French Revolution; after 1789, these were, however, discontinued and fell into oblivion.

The "machine of Marly", which commanded the admiration of the whole world, was constructed between 1681 and 1685. Its purpose was to supply the famous gardens of Versailles with a sufficient quantity of water. During the reign of Louis XIII, the land around Versailles was still marshy and insalubrious, totally lacking watercourses. Yet it was precisely this inhospitable spot that the Sun King Louis XIV chose for the most magnificent palace in the

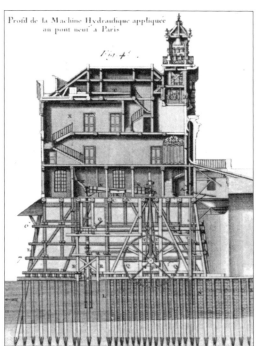

Abb. 32: Wasserpumpwerk „La Samaritaine" mit Wasserantrieb zu Paris.

Das Wasserbezugsrecht wurde in Nürnberg in Form eines Kaufvertrages erworben, wobei der Rat als Verkäufer auftrat. Der Kaufpreis wurde nach der Menge (Stundeneimer) berechnet und bestand aus einer einmaligen Zahlung. Nur die Bezieher der Nutzwasserleitungen aus dem Fischbach mussten jährliche „Ewigzinse" entrichten.

Heinrich IV. (1589 – 1610) ließ an der Seine am Pont Neuf ein Pumpwerk errichten, welches durch ein Wasserrad angetrieben wurde. Es führte den Namen Pompe de la Samaritaine und versorgte die Tuilerien und den Louvre sowie einige öffentliche Brunnen am rechten Seineufer (Abb. 32).

Derselbe Monarch erteilte auch den Auftrag, das römische Aquädukt „Arcueil", welches im 7. Jahrhundert von den Normannen zerstört worden war, wieder instand zu setzen und damit das linke Seineufer zu versorgen. Erst nach seinem Tode wurde das Werk unter Maria von Medici vollendet.

Ludwig XIII. ließ 1623 ein neues Schöpfwerk an der Seine errichten, das jedoch kurz darauf vom Hochwasser weggerissen wurde. Am Pont Royal entstand dann wieder ein neues Pumpwerk.

In den Jahren 1671/72 und 1695 wurden über Betreiben des Ministers Colbert zwei Pumpanlagen errichtet; letzteres allerdings erst nach seinem Tode. Das Werk am Pont Notre Dame arbeitete bis ins 18. Jahrhundert und versorgte mit rund 700 m³/t – durch verschiedene Zuleitungen verstärkt – 63 öffentliche Brunnen. Die meisten Einwohner von Paris hatten jedoch ihre eigenen Brunnen, die aber durch den verseuchten Untergrund schlechtes

Wasser lieferten. Louis-Sébastian Mercier – ein Zeitgenosse Ludwig XV. – schildert, dass bei vielen Bäckern das Brot Fäulnisgeschmack hatte. Um die Qualität des Wassers zu heben, verwendeten einige Bäcker Sand- und Steinfilter zum Filtrieren. Zwischen 1750 und der franz. Revolution waren schon größere Filteranlagen vorhanden, die jedoch nach 1789 beseitigt wurden und in Vergessenheit gerieten.

Zwischen 1681 und 1685 wurde die mit ungeheurem Kostenaufwand erbaute Wasserhebemaschine von Marly, welche die Bewunderung der gesamten Welt erregte, errichtet. Sie diente dazu, die berühmten Gärten von Versailles mit dem nötigen Wasser zu versorgen. Unter Ludwig XIII. war die Gegend um Versailles noch sumpfig und ungesund; weit und breit gab es kein fließendes Wasser. An diesem ungastlichen Ort ließ der Sonnenkönig Ludwig XIV. das prächtigste Schloss der Welt errichten. In Frankreich war sein Wille maßgebend und es war nach seiner Meinung nur eine Frage der richtigen Leute und der hinreichenden Finanzierung, um auf dem wasserlosen Plateau ein grandioses Werk entstehen zu lassen.

Ein Mann namens Le Nôtre hatte sich um die Gestaltung der Gartenanlagen und Wasserkünste im riesigen Park zu kümmern. Einen unerhört großen technischen Aufwand erforderte der Bau dieser Wasserkünste. Da es in der näheren Umgebung des Schlosses kein fließendes Wasser gab, musste es von der Seine herangeführt werden. Bei Marly wurde deshalb das schon genannte Pumpwerk errichtet, dessen 221 Pumpen das Seinewasser durch Rohre über zwei Zwischenbehälter um insgesamt 162 Meter hoben.

Allein die Unterhaltung des Pumpwerkes, dessen 14 riesige Wasserräder (Abb. 33) von je 12 m Durchmesser von der Seine angetrieben wurden, kostete ungefähr 100.000 Franc jährlich. Die großen Wasserräder trieben durch Stangenantrieb die Pumpen an. Die Leistung der riesigen

world. The entire kingdom of France revolved around his wishes, and in his mind it was only a question of hiring the right people and providing enough money to create a splendid masterpiece on this arid plateau.

The landscape architect and gardener André Le Nôtre was charged with designing the gardens and fountains of the vast park. The construction of these elaborate fountains called for an unprecedented feat of engineering. Since no watercourse was situated in the immediate vicinity of the palace, water had to be brought from the Seine. For this reason, the abovementioned pumping station was built near Marly. Its 221 pumps raised the water of the Seine by means of pipes and two buffer reservoirs by a total of 162 m.

The upkeep of the pumping station alone, whose 14 gigantic water-wheels (Fig. 33) with a diameter of 12 m each were powered by the Seine, came with a price tag of around 100,000 francs annually. The big water-wheels drove the pumps by means of a rack and pinion system. As reported by Bélidor in his "Architecture hydraulique", the output of the vast machine was only approx. 80 HP. Over a 24-hour period, roughly 6,000 cubic metres of water were conveyed to Versailles. The pumping station worked reliably until 1804, when it was refurbished; this was followed by another 60 years of operation.

Around 1581, the Dutchman Peter Morice tried to supply London with water from the Thames pumped into the city. The tides drove two big water-wheels, which then activated the pistons of the pumps by means of cogs. This pumping station was attached to the first arch of London Bridge. Morice was later granted a concession for this plant. However, the water volume was insufficient, and in 1591 Hugh

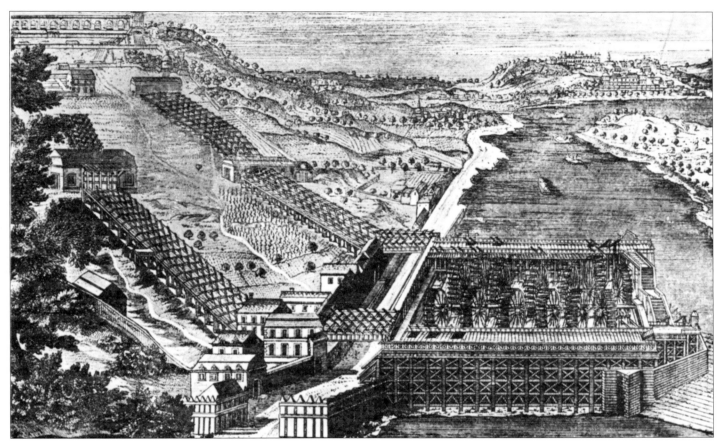

Abb. 33: Wasserhebemaschine von Marly.

Myddelton submitted a plan to supply London via a manmade waterway from Herefordshire or Middlesex. After some financial difficulties resolved by King James I, the New River was completed in 1613. This waterway terminated at New River Head in Clerkenwell. Simultaneously with its inauguration, the New River Company, London's first waterworks company, was founded. In addition to the bridge installation, it managed another three plants. Later on, more waterworks were constructed to supply differ-

Anlage betrug – wie Bélidor in seinem Werk „Architecture hydraulique" berichtet – nur etwa 80 PS. Ca. 6.000 m³ Wasser strömten in 24 Stunden nach Versailles. Die Pumpenanlage funktionierte bis zum Jahre 1804 einwandfrei, wurde dann umgebaut und hielt weitere 60 Jahre.

Um 1581 wurde von einem Holländer namens Peter Morice versucht, London mit Themsewasser, welches vom Fluss aus in die Stadt gepumpt wurde, zu versorgen. Durch die Gezeiten wurden zwei große Wasserräder angetrieben, welche dann mit Hilfe von Zahnrädern die Kolben der Pumpen bewegten. Diese Pumpstation wurde am ersten Bogen der Londoner Brücke befestigt. Morice erhielt später eine Konzession für dieses Werk. Die Wassermenge reichte aber nicht aus und 1591 entwarf Hugh Myddleton den Plan, London durch einen künstlichen Fluss von Herfordshire oder Middlessex aus zu versorgen. Nach finanziellen Schwierigkeiten, die aber König James 1. beseitigte, wurde der „New River" 1613 fertiggestellt. Die Leitung endete beim runden Teich in Clerkenwell. Gleichzeitig mit der Eröffnung entstand die „New River Company", die erste Londoner Wasserwerksgesellschaft. Sie übernahm neben dem Brückenwasserwerk auch drei weitere Werke. Später bestanden noch andere Wasserwerke, die verschiedene Gebiete belieferten. So wurde 1723 die Chelsea-Wasserwerksgesellschaft durch einen Parlamentsbeschluss gegründet, um Westminster und seine Vororte zu versorgen. Die Gesellschaft förderte das Wasser von der Themse in die Nähe des Hyde-Parks. Hier führte James Simson um 1830 die Sandfiltration ein.

Schon 1349 wird in der Chronik der Stadt Frankfurt am Main eine Brunnenanlage verzeichnet. Doch erst das Jahr 1607 bringt den Beginn der öffentlichen Wasserversorgung, als durch mehrere Kilometer lange „hölzerne Erdtenröhren" das Wasser der Quellen aus dem Friedberger Feld in die Stadt geleitet wurde. Neben dieser Leitung bestanden auch viele Hausbrunnen.

Um 1750 entstand in Wien die sogenannte Wasserleitung am Hungerbrunn, die nach einem Berichtskonzept vom 25. August 1735 im selben Jahr erweitert wurde. Die Quellfassungen lagen auf der Höhe der jetzigen Laurenzergasse am Fuße des Wienerberges, von wo das Wasser auf den Neuen Markt geführt wurde. Neben einem Kloster wurden auch einige Privathäuser versorgt. Rund 60 m³ per Tag betrug die Schüttung dieser Quellen.

Einige Zeit später finden wir Hinweise über Wasserleitun-

ent areas. Thus the Chelsea Waterworks Company was established in 1723 by an act of Parliament to provide water for Westminster and its suburbs. The company abstracted water from the Thames near Hyde Park. It was here that James Simpson first introduced sand filtration around 1830.

As early as in 1349, the town chronicle of Frankfurt am Main records a well system. Yet the origin of the city's public water supply only date back to 1607, when spring water from Friedberger Feld was conveyed into the city via wood pipes of several kilometres length. Numerous house-wells were additionally available.

Around 1750, the water pipeline Am Hungerbrunn (in an area today part of the 4th municipal district) was built in Vienna. According to a draft report of 25 August 1735, it was enlarged in the same year. The springs were tapped near modern-day Laurenzgasse at the base of Wienerberg hill, from where the water was brought to Neuer Markt square. In addition to a monastery, several private residences were equally supplied with a daily yield of approx. 60 cubic metres.

There are indications that water conduits implemented by both public bodies and private citizens existed in Ottakring (today's 16th municipal district) at some later date. Thus the well-chamber of Count Schönborn was built in 1709, followed by the water conduits of Countess Strozzi and Count Haugwitz in 1750. These were part of the court conduits operative into the late 19th century. The Siebenbrunner Hof-Wasserleitung is probably the oldest of these.

It seems likely that the Károlyi conduit was constructed in the first years of the 18th century, since it is already mentioned in agreements concluded in 1716. This was a project implemented by the Vienna city administration; having passed into the property of the family of Count Károlyi, it was again taken over by the municipal administration around 1844.

In a letter to the government dated 20 October 1797, Stephan von Wohlleben, later Mayor of Vienna, described the general water shortage and recommended various water pipeline projects to supply the then suburbs of Mariahilf, Laimgrube, An der Wien, Schottenfeld, Margareten and Wieden. A government decree of June 1798 only approved of the government water pipeline for Hernals. Spring water tapped in Hernals and Ottakring was conveyed in channels and pipes to the General Hospital, where it fed several fountains.

The first planned water supply system – the Albertinische Wasserleitung – was built to supply a larger area. After recovering from a grave illness, Archduchess Christine, a daughter of Empress Maria Theresa and the wife of Duke Albert of Teschen, decided to have a new water pipeline built for the suburb of Mariahilf. In 1803, the city treasurer Stephan von Wohlleben was appointed supervisor of this construction project. Completed in late 1804, its cost amounted to 400,000 guilders. This water main supplied the modern-day districts and neighbourhoods of Mariahilf, Schottenfeld, Josefstadt and Gumpendorf with good-quality spring water. The springs rising near the Hohe Wand meadow in the Hintertal valley and in the woods of Ottakring produced a collective daily yield of roughly 400 cubic metres. A purification tank was installed upstream of the inflow of three springs from Ottakring into the system: "The water collects in suction channels of approx. 4,000 fathoms length, which connect several drilled wells, also receive atmos-

gen aus Ottakring, die von öffentlichen Stellen und Privaten in Angriff genommen wurden. So entstand 1709 die Brunnenstube des Grafen Schönborn, 1750 die Wasserleitung der Gräfin Strozzi und jene des Grafen Haugwitz. Diese Leitungen gehörten zu den noch am Ende des vorigen Jahrhunderts bestehenden k. k. Hofwasserleitungen. Die wohl älteste von ihnen ist die k. k. Siebenbrunner Hof-Wasserleitung.

In den ersten Jahren des 18. Jahrhunderts dürfte die Károlyi'sche Wasserleitung errichtet worden sein, weil sie schon in Verträgen aus dem Jahre 1716 erwähnt wird. Diese Leitung wurde von der Stadtgemeinde Wien erbaut und ging in den Besitz der Familie des Grafen Károlyi über, wurde aber um 1844 wieder von der Stadtverwaltung übernommen.

Stefan von Wohlleben, der spätere Bürgermeister von Wien, schildert in einem an die Regierung gerichteten Schreiben vom 20. Oktober 1797 den Wassermangel. Er empfahl diverse Projekte von Wasserleitungen, die die damaligen Vorstädte Mariahilf, Laimgrube, An der Wien, Schottenfeld, Margareten und Wieden mit Wasser versorgen sollten. Ein Regierungserlass im Juni 1798 genehmigte nur die (Hernalser) Regierungs Wasserleitung. Man leitete das Quellwasser von Hernals und Ottakring in Kanälen und Rohren bis zum „Allgemeinen Krankenhaus", wo mehrere Brunnen gespeist wurden.

Zur Versorgung eines größeren Gebietes wurde die erste planmäßige Wasserversorgungsanlage, die „Albertinische Wasserleitung" erbaut. Erzherzogin Christine, eine Tochter der Kaiserin Maria Theresia und Gemahlin des Herzogs Albrecht, genas nach einer schweren Krankheit und fasste den Entschluss, für Mariahilf eine neue Wasserleitung anlegen zu lassen. Im Jahre 1803 wurde der Stadtkämmerer Stefan von Wohlleben zum obersten Leiter dieses Bauvorhabens bestellt, welches zu Ende des Jahres 1804 vollendet wurde. Der Kostenaufwand betrug

Abb. 34: Plan der Albertinischen Wasserleitung in Wien.

400.000 fl. Diese Wasserleitung versorgte die jetzigen Wiener Stadtteile Mariahilf, Schottenfeld, Josefstadt und Gumpendorf mit gutem Quellwasser. Die Quellen entsprangen bei der Hohenwandwiese im Hintertal sowie in der Ottakringer Waldung. Sie lieferten zusammen etwa 400 m³ täglich. Vor der Einspeisung dreier Ottakringer Quellen war ein Reinigungskessel vorgesehen: „Diese Wasser sammeln sich in zirca 4.000 Klafter langen Saugkanälen, welche mehrere gebohrte Brunnen in sich schließen außer dem Quellwasser auch das Wasser der pheric precipitation as seepage in addition to the spring water, and conduct these waters into the 45-inch long and 34-inch wide well-chamber near the village of Hütteldorf." From here, a double pipeline led to the public fountains of the individual districts (Fig. 34).

A number of smaller water pipelines still existed at the time but were rather insignificant. The only one of interest was the Esterhazy pumping station with its horse gin, which was built before 1809.

In the mid-19th century, Vienna's water pipelines delivered a collective daily volume of approx. 1,600 cubic metres, which corresponded to 4 or 5 litres per capita and day, given the city's population of 326,000 inhabitants. However, spring water was only available to those living in the vicinity of the outlets (Fig. 35). The majority of the population probably drew water from a well or purchased it from water-men (Fig. 36). Water-men first appeared in the early 19th century and were a typically Viennese institution. They filled big vats with water at the pipeline outlets, loaded them on horse carts and sold the water in the city. Water-men were a common sight in Biedermeier Vienna. Unless domestics were available, the water was carried to the dwellings in panniers by water-women (Fig. 37).

atmosphärischen Niederschläge als Seihwasser aufnehmen und diese Wässer in die 45' lange, 34' breite Brunnenstube nächst Hütteldorf sammeln." Von hier führte eine doppelte Rohrleitung in die öffentlichen Brunnen der einzelnen Bezirke (Abb. 34).

Einige kleinere Wasserleitungen bestanden noch zu jener Zeit, hatten aber kaum Bedeutung. Interessant ist nur das „Esterhazy'sche Schöpfwerk", da dieses aus einem Pumpwerk bestand. Ein Pferdegöpel trieb die Pumpen an, welche schon vor 1809 errichtet wurden.

Mitte des 19. Jahrhunderts lieferten sämtliche Wiener Wasserleitungen etwa 1.600 m³ Wasser täglich, das bei einer Einwohnerzahl von 326.000 Seelen, 4 bis 5 Liter pro Tag und Einwohner entspricht. Allerdings konnten sich nur diejenigen mit Quellwasser versorgen, die in der Nähe der Ausläufe wohnten (Abb. 35). Wohl der überwie-

Abb. 35: Öffentlicher Auslaufbrunnen im alten Wien.

Abb. 36: Wassermann in der Biedermeierzeit.

Abb. 37: Wiener Wasserweib.

gende Teil der Bevölkerung schöpfte das Wasser aus Brunnen oder sie kauften es beim Wassermann (Abb. 36). Der Wassermann taucht zu Beginn des 19.Jahrhunderts auf und ist typisch wienerisch. Er füllte große Fässer bei den Ausläufen in den Vororten mit Wasser und führte sie mit Pferdewagen in die Stadt, wo er es verkaufte. Das vertraute Bild eines Wassermannes gehört zum Straßenbild Wiens in der Biedermeierzeit. Sofern man keine Dienstboten hatte, wurde das Wasser in Butten von Wasserweibern zu den Wohnungen gebracht (Abb. 37)

Die erste Wasserleitung Nordamerikas wurde im Jahre 1652 in Boston errichtet, wo die Schüttung der Quellen mittels einer hölzernen Leitung in die Stadt geführt wurde. Am Ende der Leitung war ein Reservoir vorhanden, das aus einem quadratischen Holzbehälter (12 Feet) bestand, von dem die Bewohner der Stadt das kostbare Nass in Eimern und Kübeln holten. Rund 90 Jahre später (1746) errichtete der Farmer Schaeffer in Pennsylvania eine Rohrleitung und führte das Wasser einer Quelle von seiner Farm zu einem Ort, der heute nach ihm Schaefferstown heißt. Knapp zwanzig Jahre später wird in Bethlehem (ebenfalls in Pennsylvania) das erste Wasserwerk der neuen Welt errichtet, welches das Wasser über einen Hügel durch dampfkraftbetriebene Pumpen hob. Um diese Zeit erbauten die Siedler südlich von Bethlehem für den Ort Salem (North Carolina) eine Gravitationsleitung aus hölzernen Rohren.

Schon 1686 erteilte die Hofkammer in Wien den Befehl zur Wiederherstellung der Wasserversorgungsanlagen von Buda. Es gelang aber erst im Jahre 1702 die neuerliche Aufstellung des Wasserhebewerkes aus der Zeit Uläszlös durch Johann Virgilius Lindtner, dem „Wasserkünstler" aus Salzburg. Diese Arbeit wurde dann von Johann Adam Dies aus Würzburg beendet. Von Caspar Jakob wurde um 1716 ein Pferdegöpelwerk errichtet, wobei das Wasser vom Hebewerk durch eine 150 Ellen (284 m)

The first supply conduit in North America was laid in 1652 in Boston, where the yield of several springs was conducted to the city by a wood pipeline. At the end of the pipeline, there was a reservoir in the form of a square wood tank (12 feet), from which the inhabitants of the city scooped water with buckets and pails. About 90 years later, in 1746, the Pennsylvanian farmer Schaeffer built a pipeline that conducted spring water from his farm to a place today called Schaefferstown in his honour. Roughly two decades after this, the first waterworks of the New World was erected in Bethlehem (also Pennsylvania), where steam-driven pumps lifted water across a hill. During the same period, settlers far south of Bethlehem built a gravity pipeline made of wood pipes for the town of Salem (North Carolina).

Already in 1686, the Court Treasury in Vienna ordered the restoration of the water supply system of Buda. However, the pumping station dating from the rule of Ladislaus II was renovated by Johann Virgilius Lindtner, "water artist" (engineer) from Salzburg, only in 1702. The project was completed by Johann Adam Dies from Würzburg. Around 1716, Caspar Jakob built a horse gin that pumped water from the lifting station proper into the Buda fortress by means of a lead pipeline of 150 cubits (284 m) length.

Several years later, between 1716 and 1718, a conduit made of wood and lead pipes was built to harness the yield of the springs on Szabadsághegy for the city. Around 1769, the system constructed during the reign of Emperor Sigismund was restored in a "modernised" version.

Interesting facts are also known about the wood conduits of Göttingen. Thus the fisheries and pipeline inspector Buchern was commissioned to carry out improvements. The system was composed of turned pipes with a three-inch bore and iron clamps at the ends. We are also told that the older pipes within the municipal territory did not have a larger bore, either. The use of oak and beech wood remained standard until the mid-19th century. The pipes with a length of 2 to 3 m were connected by means of iron fittings and sealed with oakum or pitch-soaked hemp.

In 17th-century southern Lower Saxony, too, water pipelines were increasingly common. In 1732, it was decided to transform a castle near Hann, which is situated at the confluence of the rivers Werra and Fulda, into an army barracks. Two springs called Bohnenbrunnen and Hainbuchenbrunnen were duly tapped, and separate conduits led to a reservoir (called "Wasserruhe", "water rest") in the Kattenbühl forest. One conduit was composed of 258 beech wood pipes of 12 feet length each; the other was made up of 450 individual sections with a bore of approx. 50 mm. From the reservoir, another 450 pipes led into the barracks with its water-tower of 70 to 78 feet (approx. 23 m) height. The structure was destroyed by French troops during the Seven Years' War.

A primitive water conduit made up of simple ditches and wood pipes was discovered at the former Cistercian monastery Amelungsborn (12th century).

The town accounts of Hildesheim also shed some information on a pipeline. In 1416, a "master from Lübeck" was paid one guilder for reconnoitring the site of the Ostermühle mill and determining the routing of a water pipeline to supply the city. The account also contains data about bored pipes, iron clamps and pitch. In 1430, it is recorded that the well master Berthold was paid for six weeks of

lange Bleirohrleitung in die Festung von Buda gepumpt wurde. Einige Jahre später, zwischen 1716 und 1718 errichtete man eine Leitung aus hölzernen und bleiernen Rohren, um die Spenden der Quellen am Szabadsághegy in die Stadt zu leiten. Um das Jahr 1769 wurde dann die Anlage aus der Zeit von Sigismund, allerdings schon „modernisiert" wieder hergestellt.

Über die Holzrohrleitungen von Göttingen fand man auch interessante Angaben. So erfahren wir, dass der Fisch- und Röhrenmeister Buchern mit Verbesserungen beauftragt wurde. Es handelte sich hier um gedrehte Rohre, welche gebohrt (3 Zoll) und an den Rändern mit eisernen Bändern versehen waren. Weiters wird uns mitgeteilt, dass auch die älteren Rohre im Stadtgebiet nicht größer gebohrt waren. Die Verwendung des Eichen und Buchenholzes blieb bis zur Mitte des vorigen Jahrhunderts üblich. Die 2 bis 3 m langen Rohre wurden durch eiserne Muffen verbunden. Ihre Abdichtung erfolgte durch Werg oder pechgetränkten Hanf.

Auch aus dem südlichen Niedersachsen erhalten wir im 17. Jahrhundert immer häufiger Nachricht über Wasserleitungen. Im Jahre 1732 wurde der Entschluss gefasst, ein Schloss bei Hann, das am Zusammenfluss von Werra und Fulda liegt, in eine Kaserne umzubauen. Zwei Quellen – der Bohnenbrunnen und der Hainbüchenbrunnen – wurden gefasst und getrennte Leitungen führten zu einem Reservoir (genannt Wasserruhe) im Kattenbühl. Eine der Leitungen bestand aus 258 Röhren aus Buchenholz, je 12 Fuß lang; die andere wurde aus 450 Stücken erbaut, ihre Bohrung betrug ca. 50 mm. Vom Reservoir führten weitere 450 Rohre in die Kaserne, wo ein Wasserturm, 70 bis 78 Fuß (etwa 23 m) hoch, war. Französische Truppen zerstörten im Siebenjährigen Krieg die Anlage.

Das ehemalige Zisterzienserkloster Amelungsborn (12. Jahrhundert) ist Fundort einer Wasserleitung von primitiver Form. Es waren einfache Gräben und hölzerne Röhrenzüge vorhanden. In den Hildesheimer Stadtrechnungen sind einige Angaben über eine Rohrleitung vorhanden. Der „Meister von Lübeck" erhielt 1416 einen Gulden, nachdem er bei der Ostermühle gewesen war und festgestellt hatte, wo die Wasserleitung zur Stadt geführt werden solle. Man findet hier die Angaben für gebohrte Pipen (Rohre), eiserne Bänder und Pech. Im Jahre 1430 lesen wir, dass der Brunnenmeister Berthold für 6 Wochen Arbeit am „Waterwerk" entlohnt wurde. Die benachbarten Wälder lieferten das Holz für die „Pipen". Später lesen wir von 28 kupfernen Büchsen, die wahrscheinlich zur Verbindung der einzelnen Rohre gedient haben. Meister Jordan wurde 1440 entlohnt: „... alse he dat gebrek des waters sochte ..."

Hölzerne Rohre waren sehr bedenklich, besonders was die Hygiene betrifft. Aus einer Urkunde über die Wasserleitungen in Konstanz (1537) entnehmen wir, dass zwischen den in die Rohre eingewachsenen Baumwurzeln „vil nateren, blindenschlychen und unreihe thier" gefunden wurden.

Aus dem Jahre 1740 stammt eine Sammlung von Gesetzen: Das „Corporis Constitutionum Marchicarum". Unter vielen anderen Verordnungen und Paragraphen ist hier auch die „Gassen- und Brunnen-Ordnung" bei der Residentz- und Hauptstädte Berlin und Cölln zu finden. Nebst den öffentlichen Brunnen enthält das „Articulus I" auch die Anzahl der in den Höfen Berlins und Cöllns bestehenden Privatbrunnen, die mit 238 bzw. 141 angegeben wurden.

Weiters erfahren wir, dass „jeder, welcher einen Brunnen auf seinem Hofe hat, denselben beybehalten und bey 10 Thaler Strafe nicht vergehen lassen soll." Harte Strafen wurden auch für Vergehen an den Brunnen angedroht: „Sollte sich aber jemand unterstehen, etwas in den Brunnen zu werfen, derselbe soll mit Gefängnis gestraft werden."

labour at the "waterworks" ("Waterwerk"). The wood for the pipes ("pipen") came from the adjoining forests. Later on, we learn of 28 copper "Büchsen", which were probably clamps used to connect the individual pipes. A master Jordan was paid around 1440 for "having repaired a pipe damage".

The hygienic properties of wood pipes were rather questionable. A document about the water conduits of Konstanz from 1537 shows that "a quantity of adders, blindworms and impure animals" were found between the tree roots that had grown between the pipes.

The "Corporis Constitutionum Marchicarum" is a collection of legal acts from 1740. Among many other ordinances and articles, we also find a code governing the streets and wells of the imperial residences and capitals Berlin and Cologne ("Gassen- und Brunnen-Ordnung beyder Residentz- und Hauptstädte Berlin und Cölln"). In addition to listing public wells, Article I also gave the number of private wells in Berlin and Cologne courtyards (238 and 141, respectively).

We also learn that "every person owning a well on his or her property must maintain it and prevent its degeneration, pending a fine of 10 taler". Severe punishment was also imposed on anyone who might damage a well: "If a person should be so bold as to throw an object into the well, that person will be punished by imprisonment."

An interesting official report dated 1723 comments on the water quality of the Junghardbrunnen, a well in Giessen. The document itself is only an almost completed draft: "On the prior request of the Supreme Administrive Authority of the Grand Duchy of Hesse (Hochfürstliches Oberamt), we – the deans, doctors and professors of the Medical

Faculty of this University – have examined the water, which was drawn from the well in the meadow near Rödgen and submitted to us in a variety of bottles, in sundry ways by means of weighing, precipitating and fuming ... this water (1) has a somewhat loamy taste, (2) both per subsidentiam of itself, when it has been left standing for a time, and per praecipitationem, due to different liquores salini, and after substantial fuming leaves a notable amount of terrea substantia and thus does not present all notas bonitates in excellenti gradu; hence it cannot be classified as water of excellent quality ... In witness whereof we affix the seal of our Faculty. Giessen, 27 November 1723."

This expert opinion reveals that the physical properties of water, such as taste, colour and clarity, were already considered essential in that period. Moreover, it seems evident that not all well water was clear and clean. The specific weight determined with hydrostatic scales was interpreted as favourable. Analogous devices were employed for the same purpose until not too long ago. In a manner still used today, the water was evaporated and the residue determined. After leaving the water to stand for some time, deposits indicating the presence of iron were detected. Precipitation reactions in test solutions were likewise mentioned without, however, being described in greater detail.

After protracted searching, the abovementioned old spring on the municipal territory of Rödgen was also identified; to this day, water flows from here in a pipe to a ditch on a meadow. Using modern-day terminology, the water analysed by the 18th-century scholars would be called normal with medium calcium hardness and aggressive properties, a very low iron and manganese content and an equally ac-

Aus dem Jahre 1723 stammt ein interessantes amtliches Gutachten über das Brunnenwasser aus dem Junghardbrunnen in Giessen. Die Schrift selbst ist nur ein nahezu fertiges Konzept: „Auf vorhergegangene Requisition des alhiesigen Hochfürstl. Oberamtes, haben wir Decanns, Doctores und Professores ordinarii der Medicinischen Facultät alhier, das uns in unterschiedenen bouteillen zugeschickte Wasser, aus dem Brunnen in der Wiese bey Rödgen, auf verschiedene arth, durch abwiegen, praecipitiren und abrauchen examiniret „... dieses Wasser (1) einen etwas lettichen Geschmack hat, auch (2) sowohl per subsidentiam von sich selbst, wann es eine Zeitlang gestanden, als auch per praecipitationem durch unterschidene liquores salinos, einige quantität abgeraucht wird noch ein merckliches von terrea substantia zurücklässt und dahero nicht alle notas bonitates in excellenti gradu hat, auch unter den allerbesten Wasser eben nicht zu rechnen sey ..." In Urkund unseres beygedrückten Facultät Insiegels. Giessen, den 27. November 1723."

Man erfährt aus diesem Gutachten, dass schon damals die physikalischen Eigenschaften des Wassers, wie Geschmack, Farbe und Klarheit für wesentlich gehalten wurden. Weiters erfahren wir, dass manche der Brunnenwässer nicht hell und klar gewesen sein dürften. Das mit der hydrostatischen Waage ermittelte spezifische Gewicht wurde als günstig gedeutet. Noch bis vor kurzem wurden in den Laboratorien gleiche Geräte zu diesem Zweck verwendet. Wie auch heute noch üblich, wurde das Wasser abgedampft und der Rückstand ermittelt. Nach längerem Stehen des Wassers wurden Ausscheidungen festgestellt, die auf Eisenhaltigkeit hinweisen dürften. Auch Fällungsreaktionen in Reagenzlösungen wurden erwähnt, allerdings ohne näher beschrieben zu werden.

Nach längerem Suchen wurde auch der alte Brunnen (Quelle) im Gebiete der Gemeinde Rödgen aufgefunden, aus dem heute noch das Wasser durch ein Rohr zu einem Wiesengraben fließt. Das analysierte Wasser würde man mit den heute üblichen Benennungen als ein solches normaler Beschaffenheit mit mittlerem Kalkgehalt und aggressiven Eigenschaften bezeichnen, dessen Eisen- und Mangangehalt sehr gering ist und dessen Gehalt an Chloriden, Sulfaten und organischer Substanz ebenfalls im Rahmen liegt.

Um 1778 entstand eine größere Wasserversorgungsunternehmung in Paris. Die Brüder Perier errichteten ein Pumpwerk, welches das Seinewasser mittels dampfbetriebener Pumpen auf die Grundstücke beförderte. Die Leitung stand unter Druck und für die Reinigung der Straßen und die Feuerwehr waren eigene Hydranten vorgesehen. 1781 förderten zwei Pumpen 13.000 m³ täglich in vier Behälter. Ein Reservoir war immer gefüllt, das zweite war ein Absetzbecken und das dritte schließlich sicherte die Verteilung. Schon ein Jahr später entstand ein neues Pumpwerk mit einem Behälter auf der linken Seite der Seine und für das Jahr 1787 wurde ein neues Pumpwerk geplant. Das Werk der Brüder Perier wurde 1789 von der Stadt übernommen.

Unter dem Konsul Bonaparte wurde im Jahre 1802 beschlossen, eine Leitung für das gesamte Paris zu errichten und alle Wasserwerke zusammenzufassen sowie eine Ableitung des Ourcqflusses in Richtung Paris zu bauen.

Girard begann noch im selben Jahr mit den Arbeiten und das erste Wasser floss 6 Jahre später in das La Villette-Becken, von wo eine unterirdische Ringleitung und 15 radiale Leitungen die Behälter speisten. Erst um 1835 wurde das Werk vollendet. Der Verbrauch an Wasser stieg in dieser Zeit auf 70.000 m³/t.

In Rom wurde Jahrhunderte lang eine Menge von Vorschriften und Gesetzen erlassen, um die Straßen und öffentlichen Plätze reinzuhalten. Erst unter den Päpsten ab dem 16. Jahrhundert erfahren wir von einer teilweisen Wiederherstellung und Reinigung einzelner Teile der

ceptable content of chlorides, sulphates and organic matter.

Around 1778, a large-scale water supply company was established in Paris. The Perrier brothers had a pumping station built, which transported Seine water to the users' properties by means of steam pumps. This was a pressure pipeline, and special hydrants were provided for street cleaning and firefighting services. In 1781, two pumps delivered 13,000 cubic metres daily to four reservoirs. One reservoir was always full; the second served as a settling tank, and the third handled distribution. Only one year later, a new pumping station with one reservoir was built on the left bank of the Seine, and another one was planned for 1787. The plant of the Perrier brothers was taken over by the city administration in 1789.

During Bonaparte's consulate, it was decided in 1802 to construct one network for all of Paris, to combine all waterworks under one management and to create the Ourcq Canal as a waterway serving Paris.

The same year, Pierre-Simon Girard started work on the project. Six years later, water flowed into the La Villette Canal Basin, from where a subterranean circular pipeline and 15 radial pipelines fed the reservoirs. The project was only completed around 1835. In that period, water consumption increased to 70,000 cubic metres/day.

Over the centuries, a wealth of regulations and laws aimed at keeping streets and public squares clean were passed in Rome. It was only during the 16th century, under Papal rule, that some sections of the Cloaca Maxima were partly restored and cleaned. The Popes Alexander VI, Gregory XV and his successor Urban VIII renewed the sewer network.

In the 16th and 17th centuries, only few cities disposed of a sewer system. The Silesian town of Bunzlau took a pioneering role in this field, as it began to construct a sewer system as early as in 1531, completing it around 1559. It is probable that the town also boasted a water conduit, since the sewers were cleaned by flushing. The old sewer network consisted of wide sandstone-and-masonry sewers, mostly walkable and with a square cross-section. Their dimensions ranged from 40 cm to 70 cm in width and from 70 cm to 150 cm in height.

The town's privies were partly provided with cesspools, partly situated above the sewers, thereby ensuring that excrements would be carried away by the running water. The ventilation system was primitive, since air could enter the sewer network only through simple apertures. Apparently, though, the inhabitants did not complain about unpleasant odours in their houses. It is likely that the sewer system was built as designed right from the beginning instead of being gradually enlarged. A 1773 city map shows that almost all parts of the town were served by the sewers. In 1886, the length of the stone-and-masonry ducts was measured at 2,892 m. The wastewater was not discharged into a river but used to irrigate fields.

The "Silesiographia" of Nicolaus Henel von Hennenfeld (1582-1656) already describes the procedures applied in Bunzlau. Due to favourable local conditions, the wastewater was discharged to lower-lying meadows and gardens, where it was distributed by means of ditches and gutters. It seems that irrigation occurred irregularly in the beginning; later on, in the 18th century, a regulation precisely specifying an irrigation sequence was adopted. The old plant was only replaced with a new one in the 20th century.

Cloaca Maxima. Papst Alexander VI. sowie Gregor XV. und dessen Nachfolger Urban VIII. erneuerten das Kanalnetz.

Wenige Städte besaßen im 16. und 17. Jahrhundert eine Abwasserleitung. Vorbildlich war in dieser Hinsicht die schlesische Stadt Bunzlau. Man begann schon 1531 mit dem Bau der Kanalisation, welche erst um 1559 vollendet worden sein soll. Zu jener Zeit dürfte diese Stadt auch über eine Wasserleitung verfügt haben, da die Reinigung der Kanalisation durch Spülung erfolgte. Die alte Anlage bestand aus weiten, mit Sandstein gemauerten, zum größten Teil begehbaren Kanälen von viereckigem Querschnitt. Ihre Abmessungen schwankten zwischen 40 und 70 cm an Breite und 70 und 150 cm an Höhe.

Die Aborte der Stadt waren teils mit Senkgruben versehen, teils über den Kanälen angebracht, so dass die Fäkalien direkt in das fließende Wasser fielen und fortgespült wurden. Es bestand nur eine primitive Ventilation, da die Luft nur an den einfachen Öffnungen in das Kanalnetz eindringen konnte. Allerdings sollen üble Gerüche in den Häusern nicht wahrgenommen worden sein. Wahrscheinlich war das Kanalisationssystem gleich von vornherein ziemlich vollständig erbaut worden. Ein Stadtplan aus dem Jahre 1773 lässt ersehen, dass die Kanalisation den größten Teil der Stadt erfasst hatte. 1886 wurden 2.892 Meter gemauerte Kanäle gezählt. Der Kanalinhalt wurde nicht in einen Fluss geleitet, sondern zur Berieselung der Felder verwendet.

Bereits in der „Silesiographia" des Nicolaus Henel von Hennenfeld (1582 – 1656) lesen wir über diese in Bunzlau verwendeten Verfahren. Das Kanalwasser floss infolge günstiger lokaler Verhältnisse auf die tiefer gelegenen Wiesen und Gartenflächen, wo die Verteilung durch Gräben und Furchen erfolgte. Anfangs dürfte die Berieselung unregelmäßig stattgefunden haben, später (im 18. Jahrhundert) wurde ein Berieselungsregulativ erlassen, in dem genaue Bestimmungen über die Reihenfolge enthalten waren. Erst im 20. Jahrhundert wurde die alte Anlage durch eine neue ersetzt.

Ein k.k. Regierungserlass aus dem Jahre 1706 ordnete an, dass gewölbte Kanäle zur Abführung des Unrates zu errichten und gegen einen angemessenen Beitrag an die städtischen Kanäle anzuschließen seien. Ein im Stadtarchiv befindlicher Plan aus dem Jahre 1739 zeigt, dass die jetzige Innere Stadt Wiens, also der Stadtteil innerhalb der Bastenen, schon nahezu vollständig kanalisiert war. Gegen 1830 betrug die Ausdehnung der Straßenkanäle innerhalb der Residenzstadt Wien rund 110.000 m.

Zum Schluss wäre es eigentlich angemessen, einen Rückblick auf die Gesamtleistung der einzelnen Völker auf dem Gebiet der Ingenieurtechnik zu werfen, um die Tätigkeit verschiedener Nationen untereinander anzuknüpfen. Leider erlaubt es der Umfang dieses Büchleins nicht, diese Betrachtung anzustellen. Viele interessante Tatsachen konnten nicht erwähnt werden und der Text endet mit der ersten Hälfte des vorigen Jahrhunderts. In den letzten hundert Jahren entwickelte sich die Wissenschaft derart rapid, dass eine Schilderung dieses kurzen Zeitraumes ein weiteres Büchlein füllen würde.

Wenn man heute bewundernd vor den komplizierten Einrichtungen eines modernen Wasserwerkes steht, sollte man nicht vergessen, wie viel wissenschaftliche und technische Erkenntnisse wir den Erfahrungen unserer Vorfahren verdanken. Sie schufen die Voraussetzungen für die heutige Siedlungswasserwirtschaft.

An imperial-royal decree of 1706 prescribed the construction of vaulted sewers for waste removal, stipulating that these were to be connected to the municipal ones against payment of a suitable fee. A 1739 map in Vienna's City Archive shows that the modern-day city centre Innere Stadt, i.e. the area formerly enclosed by bastions, was already served by sewers almost in its entirety. Around 1830, the sewer network in the imperial residence and capital city was close to 110,000 m long.

In conclusion, it would seem appropriate to offer a retrospective of the overall engineering achievements of individual civilisations so as to interlink the different nations' contributions. Unfortunately, the scope of this modest volume does not permit such reflections. For lack of space, many interesting facts had to be left out, and this text ends with the mid-19th century. The scientific developments of the 19th and 20th centuries were so dramatic that an overview of this brief period would offer material for another book.

A modern-day visitor admiring the complex technology of a state-of-the-art water utility would do well to remember how much scientific and technical know-how is owed to our ancestors' efforts. The credit for creating the preconditions for contemporary urban water management lies with them.

Literatur / References

	Belidor B. F. de: Architectura Hydraulique, Paris 1737
	Belgrand: Les aqueducs romains, Paris 1785
	Bibel
	Broschüre DVGF, Regensburg, 1956
	Brunnenbau aus dem vierten Jahrhundert nach Christi, B/B/R H. 1, 15. Jg., 1964
Cassio A.:	Corso delle aque, Roma, 1756
Ceram C. W.:	Götter, Gräber und Gelehrte, Rowohlt-Verlag, Reinbeck bei Hamburg, 1949
Claudius S.:	Römische Wasserleitungen im Rheinland B/B/R H. 5, 1961
Claudius S.:	Römische Wasserleitungen im Rheinland B/B/R H. 6, 1964, Aus Lehm und Gold, Deutsche Verlags-Anstalt, Stuttgart
Doerks G.:	Lübeck als Beispiel mittelalterlicher Städtehygiene, Städtehygiene, H. 7, 1958
Donner J.:	Die Errichtung des Grundwasserwerkes der Stadt Wien in der Unteren Lobau. GAS - WASSER - WÄRME, H. 6, 1966
Ebert M.:	Reallexikon der Vorgeschichte, Berlin 1925
Eder H. G.:	Wasserversorgung in biblischen Landen, Durit-Magazin, H. 4, 1957
Eigenbrodt A.:	Die Wasserversorgung der Stadt Paris, GWF, H. 4, 1961
Feldhaus F. A.:	Die Technik der Vorzeit, der geschichtlichen Zeit und der Naturvölker, Leipzig 1919
Feldhaus F. A.:	Römische Wasserleitungen in Nordafrika GWF, H. 12, 1952
	Festschrift zur 53. Jahresversammlung des DVGW, München 1912
Fischer K. H.:	Die Wasserversorgung der Reichsstadt Nürnberg, 1912, A 100 eves fövárosi vizmüvek, Mezögazdasági Könyvkiadó, Budapest 1968
Gassner H.:	Die Bedeutung des Wasserreichtums für die Entwicklung der Stadt Augsburg, GWF, 100. Jg., H. 6
Garbini G.:	The Ancient World, London, New York 1966
Gööck R.:	Alle Wunder dieser Welt, Verlag Peter, Gütersloh 1968
György L. D.:	Bohrtechnik im Siedlungswasserbau, 1. Teil, Durit-Magazin, März 1968
Haase H.:	Von den römischen Zisternen bis zur Ozonanlage, GAS - WASSER - WÄRME, Heft 5, Bd. XVII/5 - 1963
Hajdu G.:	100 Jahre Wasserwerke Budapest, Hidrologiai Közlöny, 48. Jg. H. 4, 1968
Hartmann J.:	Das Geschichtsbuch, Fischer Bücherei
Kegel J.:	Ein 240 Jahre altes amtliches Gutachten über ein Brunnenwasser, GWF, 105. Jg., H. 50
	Klinckowstroem C. von: Knaur's Geschichte der Technik, München - Zürich 1959
Klöpsch A.:	Die Entwicklung der Augsburger Wasserversorgung durch fünf Jahrhunderte, GWF, 100. Jg. H. 6
Kruse:	Der Ponte du Garde bei Nimes, GWF, 97. Jg.
	5000 Jahre ägyptische Kunst, Katalog des Kunsthistorischen Museums Wien, 1961
	Kunst aus Indien, Bundesministerium für Unterricht, Wien
Landet E.:	Von der örtlichen zur überörtlichen Wasserversorgung, GWF, 100. Jg., H. 30
Linck J.:	Bekämpfung der Wasserverluste in der Antike, GWF, 98. Jg., H. 10
Lehnert W.:	Wasser in der Reichsstadt Nürnberg, GWF, 107. Jg., H. 20
Lissner J.:	So habt ihr gelebt, Wien

Mackay E.:	The Indus Civilisation, London 1935Marshall: Mohenjo-daro and Indus Civilisation, London 1931
Merket:	Ingenieurtechnik im Altertum, Berlin 1899
Müller:	Wasserversorgung der Stadt Frankfurt am Main, GWF, 106. Jg., H. 38
Nölle W.:	Indianische Bewässerungsanlagen im Südwesten der Vereinigten Staaten, GWF, 98. Jg., H. 16
Nölle W.:	Chorezm - ein Land uralten Wasserbaues, GWF, 99. Jg., H. 18
Nölle W.:	Wasserversorgung und Entwässerung im alten Kleinasien, GWF, 100. Jg., H. 48
Neuburger A.:	Die Technik des Altertums, Leipzig, 1919
Neumann R.:	Architectur Kleinasiens von ihren Anfängen bis zum Ende der hethitischen Zeit,E. Wasmuth, Tübingen 1955
Otto E.:	Ägypten, W. Kohlhammer Verlag, Stuttgart 1958
Parker R. A.:	The Calendars of Ancient Egypt, Chicago 1950
Pazziani P.:	Le Service des Eaux de Genäve, Societe de Geographie de Geneve, Athenee 1958
Ramelli A.:	Le diverse e artificiose machine, Paris 1588
	Revista del Instituto Nacional de Obras Sanitarias, Venezuela 1953
Rohrbach P.:	Die Geschichte der Menschheit, Leipzig 1914
Sbrzesny W.:	Entwicklung zur Verbundwirtschaft bei Wasserkraft und Wasserversorgung, GWF, 98. Jg.
Schmöket H.:	Das Land Sumer, W. Kohlhammer Verlag, Stuttgart 1956
Sparrer W.:	Die Stadtentwässerung in Augsburg, GWF, 100. Jg., H. 6
	Spiegel des Wissens (Das aktuelle Lexikon), Harbeke Verlag, München 1968
Stadler H.:	Die Entwässerungsanlagen der Stadt Wien, Mag. Abt. 30, Wien 1960
Stadler R.:	Wasserversorgung der Stadt Wien in ihrer Vergangenheit und Gegenwart, Wien 1873
	Stadtwerke Krems a. D., 50 Jahre Wasserwerk, Krems 1948
	Die Wasserversorgung der Stadt München, Stadtwerke München
	100 Jahre Wasserversorgung der Stadt Zürich, 1968
	The Story of Water Supply, AWWA., New York
Strell M.:	Die Abwasserfrage in ihrer geschichtlichen Entwicklung von den ältesten Zeiten bis zur Gegenwart, Leipzig 1914
Thofern E. - Braudis E.:	Alte Wasserversorgungssysteme in Süd-Niedersachsen, GWF, 106. Jg., H. 8
	2000 Jahre zentrale Trinkwasserversorgung in Deutschland, B/B/R, H. 8, 14. Jg., 1963
	Vergangenheit, Gegenwart, Zukunft der Wasserversorgung, Hamburg 1956
Vincent H.:	Jerusalem Sousterre, London 1911
Visintin B.:	Die Wasserleitung in Italien, GAS - WASSER - WÄRME, H. 10/11, Bd. XIV/10 u. 11, 1960
Walter C.:	Hydraulica Augustana, Augsburg 1754
	Wasser durch Eimer und Kette, B/B/R, H. 12, 14. Jg., 1963
	Das Wassertriebwerk, H. 2, 1969
Wimet P. A.:	Der artesische Brunnen von Lillers - Geschichte oder Legende?, B/B/R, H. 4, 1963
	Die Wasserversorgung im alten Zürich, Neue Zürcher Zeitung Nr. 218, 228, 247, 1969

Wiens Trinkwasserversorgung des 21. Jahrhunderts ist vom Weitblick der Gründerväter geprägt

Dass es in Zeiten, in denen die Menschen noch keine Ahnung von Mikroorganismen, dem Chemismus des Wassers oder den Einflüssen der verwendeten Rohrmaterialien hatten, immer wieder zu sogenannten „wasserbürtigen Erkrankungen" oder gar Epidemien kam, liegt auf der Hand. Und dies trotz augenscheinlich „frischen" Wassers. Zur Bewertung der Wassergüte standen damals nur die Faktoren Geschmack, Geruch, Temperatur, Färbung und Trübung zur Verfügung. Die tatsächlichen Zusammenhänge zwischen bestimmten Krankheiten und dem Trinkwasser blieben somit lange Zeit im Dunklen.

Brunnenvergifter: Hexen, Geister und Basilisken

Noch bis zur Mitte des 18. Jhdts. machten die Menschen dafür Brunnengeister, Hexen und, in Wien, den „Basilisken" verantwortlich. So berichtet etwa die Stadtchronik über eine Nacht im Juni anno domini 1212, als Kathrin, die Tochter des Bäckermeisters Garhibl in der Schönlaterngasse 7, Wasser aus dem Brunnen holen sollte: Nun steht sie da und stammelt etwas von einem Untier, das sie am Grund des Brunnens gesehen haben will, von bestialischem Gestank, der von unten heraufsteigt, und von seltsamen Geräuschen, die sie gehört haben will. Der Geselle Heinrich greift sich eine Pechfackel und lässt sich, an ein Seil gebunden, in den Brunnen hinab. Plötzlich schreit er, dass es einem durch Mark und Bein geht, und das Licht im Brunnen verlischt. Schnell zieht man ihn herauf. Er ist ohnmächtig. Sie öffnen ihm das Hemd und fächeln ihm Luft zu, bis er noch einmal die Augen auf-

Vienna's 21st-century drinking water supply is carried by the foresight of its founders

It is obvious that in times when people knew nothing about microorganisms, the chemical properties of water, or the impacts of pipe materials on water quality, waterborne diseases or even epidemics were quite common – even though the water may have looked fresh and clear. The only indicators of the quality of water were its taste, smell, temperature, colour, and turbidity. Throughout much time, people would not know about the interactions between certain diseases and the quality of drinking water.

Well poisoners: Witches, ghosts, and basilisks

Until the mid-18th century, people would blame such water problems on well ghosts and witches, and the Viennese on their "basilisks". The city chronicles know a story which reportedly happened one night in June 1212. Kathrin, the daughter of baker Garhibl at Schönlaterngasse 7, went off to fetch water from the local well. Shortly thereafter she returned, deadly pale and her voice trembling with horror. She had seen a monster lurking at the bottom of the well, and the foulest stench had risen from the depths, and she had heard strange sounds in the dark. Heinrich, the journeyman, would grab a torch and, with a rope tied around his waist, would let himself down into the well. Suddenly a blood-curdling scream was heard, and the light down in the well went out. The others pulled him up quickly. He had fainted. They opened his shirt and fanned fresh air into his face. He thereupon briefly opened his eyes, stammering: "What a gruesome monster I saw down there! A cock's head ... a toad's belly ... a tail that long, covered by scales ... it was wearing a crown with shiny red gems ... and it stinks!" They called for a doctor, well versed in all areas of natural medicine, who readily explained: "The monster down there is a basilisk!" He also knew all about its origin: "Beasts of this kind emerge when a cock lays an egg, and the egg is hatched by a toad, and the hatchling is then raised by a serpent. Its putrid breath smells of decay, and it has the most gruesome appearance. Those who set their eyes upon it, are doomed to die. No spear, no sword, no lance, not even fire can harm the basilisk. The only means of defence is to hold a mirror up to the beast." Hans, the other journeyman, wanted to try his luck – not without having the baker's promise to let him marry his daughter, should he be successful in his undertaking. And indeed, the basilisk exploded with a deafening thud. "He is dead!" shouted Hans, and soon the wedding bells were ringing.

Is water a cure for croup and hydrocephalus?

It was not before the invention of the microscope by Anton van Leeuwenhoek (1632–1723), a growing sanitation awareness and the surge of science and especially medicine in the 19th century that important and groundbreaking discoveries were made. Yet some misunderstandings still remained. Around 1840, Georg Friedrich Most wrote in his Encyclopaedia of Popular Medical Science: "Cold water,

schlägt und stammelt: „Ein Untier, scheußlich! ... Den Kopf vom Hahn ... den Leib von der Kröte ... den Schwanz soooo lang und schuppig ... und es trägt eine Krone mit leuchtend roten Edelsteinen ... und stinkt!" Ein hinzugezogener und in allen Naturerscheinungen bestens bewandter Doktor liefert die Erklärung: „Da unten sitzt ein Basilisk!" Und zu dessen Herkunft: „Wenn ein Hahn ein Ei legt und das Ei von einer Kröte ausgebrütet und das Junge dann von einer Schlange aufgezogen wird, dann entsteht dieses Untier. Sein Atem stinkt nach Verwesung und sein Anblick ist abgrundtief hässlich. Wer es ansieht, ist dem Tod geweiht. Kein Speer, kein Schwert, keine Lanze, ja nicht einmal Feuer können dem Basilisken etwas anhaben." Das einzige Mittel sei ein Spiegel, der dem Unhold vorgehalten werde. Der zweite Geselle Hans versucht's – nicht ohne dem Bäcker vorher das Versprechen abzunehmen, im Erfolgsfall die Tochter des Hauses ehelichen zu dürfen. Und tatsächlich! Der Basilisk zerplatzt mit einem ohrenbetäubenden Knall. „Hin ist er!", ruft Hans, für den schon bald die Hochzeitsglocken läuten werden.

Wasser, wirksames Heilmittel gegen „häutige Bräune" und „Wasserkopf"?

Erst mit der Erfindung des Mikroskops durch Anton van Leeuwenhoek (1632–1723), einem steigenden Bewusstsein für Hygiene und dem generellen Aufschwung von Wissenschaft und insbesondere der Medizin im 19. Jhdt. sollten entscheidende und weiterführende Erkenntnisse gelingen. Gewisse Missverständnisse gab es aber immer noch. So schrieb etwa um 1840 Georg Friedrich Most in seiner „Enzyklopädie der Volksmedizin": „Das kalte Wasser, innerlich und äußerlich, täglich zum Trinken, Waschen und Baden ein- bis zweimal richtig angewandt, ist das beste Schutzmittel vor der Pest, dem gelben Fieber und vor allen anderen ansteckenden Krankheiten. Kalte Begießungen, Sturzbäder über den Kopf und den nackten Leib (am besten im lauen Bad) haben Tausende von Scharlachfieber-, Masern-, Pocken- und Typhuskranken, so wie auch zahlreiche Kinder, welche an häutiger Bräune und Wasserkopf litten, geheilt."

Heute sind die wasserbürtigen Krankheiten weitgehend erforscht und die Übertragungswege nachgewiesen. Häufigste Ursache sind Bakterien oder Viren, die von Mensch zu Mensch über die Fäzes bzw. ungereinigte Abwässer verbreitet werden. Beispiele für Krankheitserreger sind etwa Legionellen, coliforme Bakterien, aber auch bestimmte Geißelflagellaten; die dazu „passenden" Krankheiten beispielsweise Giardiasis, Durchfall, Amöbenruhr, Bakterienruhr, Cholera, Campylobacter-Enteritis, Typhus und Paratyphus, Gastroenteritis sowie Hepatitis A und E. Ob eine Krankheit ausbricht, hängt nicht zuletzt von der Keimzahl ab. Für andere wasserbürtige Krankheiten sind Parasiten verantwortlich.

Nach Schätzungen der Vereinten Nationen sterben jährlich bis zu fünf Millionen Menschen an durch diese Erreger verursachten Krankheiten! Alleine in den Staaten südlich der Sahara entstehen durch unzureichende Wasserqualität, Arbeitsausfälle und Gesundheitsausgaben Kosten in Höhe von rund 28 Mrd. US-$, was fünf Prozent der Wirtschaftsleistung entspricht. Ganz zu schweigen vom persönlichen Leid der betroffenen Menschen. Der Entschärfung dieser Situation sind u. a. die sogenannten „Millennium Development Goals" der Vereinten Nationen gewidmet, die sich zugleich einem besseren Zugang zum Lebenselement Nummer eins verschrieben haben. Denn schon heute haben rund 1,3 Mrd. Menschen keinen Zugang zu einer sicheren Wasserversorgung! Ein Zustand,

if properly used internally and externally once or twice a day for drinking, washing and bathing, is the best cure for bubonic plague, yellow fever and other contagious diseases. Cold rinses, baths of the head and naked body (preferably with lukewarm water) have cured thousands from scarlet fever, measles, smallpox and typhus, and also numerous children that were suffering from croup or a bulging skull."

Waterborne diseases have meanwhile been studied thoroughly and their transmission pathways are now well known. The most common cause are bacteria or viruses, which are passed on between humans via the faeces or contaminated water. Examples of pathogens include legionellae, coliform bacteria and certain types of flagellates, which all trigger their typical diseases: giardiasis, diarrhoea, amoebic dysentery, bacillary dysentery, cholera, campylobacter enteritis, typhus and paratyphus, gastroenteritis, or hepatitis A and E. Whether the symptoms of disease are seen, also depends on the pathogen count. Other waterborne diseases are triggered by parasites.

According to United Nations estimates, up to five million people die each year from water-related illnesses. In the states south of the Sahara alone, the costs resulting from poor water quality, loss of working hours and health expenses amount to US$ 28 billion, which equates to five percent of the economic performance. Not to mention the personal sufferings of those affected by disease. One attempt to defuse this tense situation are the United Nations' Millennium Development Goals, which are seeking to improve people's access to the basic element of life. Already today, 1.3 billion people have no access to safe water supplies, and the situation will become even worse as the

world population increases further and no adequate steps are taken.
In the affluent industrial countries of the West, the situation is far better in both respects. But even they need to keep an eye on their water quality and preserve their existing resources. Not only the sanitary conditions, but also the potential negative impacts of agriculture, trade and industry on the quality of spring and surface water as well as on groundwater are important. A densely meshed network of probes assures permanent monitoring of all water bodies. Stringent standards help maintain the quality and quantity of water. In Austria, these include the EU Drinking Water Directive, the EU Water Framework Directive, the EU Building Products Directive, the Water Conservation Act, the Drinking Water Ordinance, and the Food Manual. Drinking water in Austria is regarded as a food and therefore rigorously protected. The domestic water associations ÖVGW and ÖWAV have also released a number of water-related standards and certificates.

Problem sources: Demographic and economic change

Waterworks have several tools at hand to improve and maintain sanitary conditions and prevent the spread of pathogens. Important factors in this context are the size of water pipes, the depth at which they are installed, and the pipe-laying method applied. Choosing the right pipe size is a particular problem in regions with shrinking population figures. If water consumption decreases, the risk of stagnant

der sich aufgrund des anhaltenden Wachstums der Weltbevölkerung, ohne entschlossene Eingriffe, sogar noch verschlechtern wird.
In den wohlhabenden westlichen Industriestaaten ist in beiderlei Hinsicht die Lage entschieden besser, wenngleich auch hier die Qualität des Wassers ständig im Auge behalten werden muss und die Ressourcen abzusichern sind. Von Interesse sind dabei nicht nur die hygienischen Rahmenbedingungen, sondern auch mögliche negative Einflüsse aus Landwirtschaft, Gewerbe und Industrie, die Quellen, Oberflächengewässer und das Grundwasser betreffen können. Die Wasserkörper unterliegen folglich einer permanenten Überwachung, die über ein engmaschiges Netz aus Sonden erfolgt. Die Qualität und Quantität des Wassers wird durch strenge Vorschriften gesichert. In Österreich sind dies die EU-Trinkwasserrichtlinie, die EU-Wasserrahmenrichtlinie, die EU-Bauproduktenrichtlinie, das Wasserrechtsgesetz, die Trinkwasserverordnung und das Lebensmittelbuch. Ja, in Österreich ist das Trinkwasser ein „Lebensmittel" und somit ganz besonders streng geschützt! Hinzu kommen Normen und Zertifikate der heimischen (Trink-)Wasserverbände ÖVGW und ÖWAV.

Problemquelle: Demographischer und wirtschaftlicher Wandel

Auch das Wasserwerk hat mehrere Instrumente an der Hand, um in Sachen Hygiene/Wiederverkeimung einiges zu bewegen. Anzusetzen ist vor allem bei der Dimensionierung der Rohre, deren Verlegetiefe und bei der in den Baugruben an den Tag gelegten Arbeitsweise. Die „richtige" Dimension der Rohre ist vor allem in Regionen mit sinkender Bevölkerungszahl ein Problem. Geht der Verbrauch zurück, kann es zur Stagnation des Wassers mit

water and the subsequent spread of pathogens in the water increases. While this is clearly not the case in the Austrian capital, the Vienna Waterworks nonetheless deal with this matter to be prepared for any potential load case scenarios, such as water withdrawal for fire-fighting. Another important prerequisite is a supply system with a balanced water flow. It is therefore essential to consider in advance how to avoid short water circulation peaks which are followed by longer periods of water stagnation. Stagnation is an extremely complex process and its effects still deserve further investigation. The rationale, however, is not to tamper with water tanks nor the piping system unless absolutely necessary.

In Central Europe, pipe installation depth as one of the critical sanitation factors is still exclusively determined by summer temperatures and dark road pavings. Time will show whether in the face of climate change also other aspects are increasingly taken into account. As pipe-laying depths are an important cost factor, several domestic waterworks have meanwhile launched their own research programmes. At the building sites, a high level of sanitation can be achieved simply by assuring a careful execution of all work processes. In Austria, newly installed or repaired pipe sections are first thoroughly rinsed with drinking water and then undergo bacteriological testing before starting operation.

Vienna's modern water supply relies on karst water

When in the mid-19th century the spreading industrial revolution led to a population boost in many big European cities, including Vienna, and sanitation

einer erhöhten Chance auf Wiederverkeimung kommen. Dies ist zwar in der österreichischen Bundeshauptstadt nicht der Fall. Trotzdem beschäftigen sich auch die Wiener Wasserwerke mit diesem Thema, gilt es doch, für alle Lastfälle, und dazu gehört auch die Löschwasserentnahme, gerüstet zu sein. Nicht minder wichtig ist der gleichmäßige Betrieb des Leitungsnetzes. Folglich ist schon vorab zu überlegen, wie vermieden werden kann, dass zu einer bestimmten Zeit sehr viel Wasser zirkuliert, die übrige Zeit das Wasser aber über längere Zeit stagniert. Stagnation ist ein überaus komplexer Vorgang, dessen Effekte noch intensiver erforscht werden müssen. Grundsätzlich gilt aber, wie im Fall der Wasserbehälter, auch das Rohrnetz möglichst „in Ruhe lassen".

Der wesentliche Hygienefaktor Verlegetiefe der Rohre wird in Mitteleuropa derzeit noch ausschließlich von den Sommertemperaturen und den dunklen Straßenbelägen bestimmt. Inwieweit der Klimawandel hier zu neuen Überlegungen führt, wird sich zeigen. Da die Verlegetiefe aber auch ein nicht unwichtiger Kostenfaktor ist, haben mittlerweile mehrere heimische Wasserwerke entsprechende Forschungsaktivitäten gestartet. Auf den Baustellen selbst kann der Hygiene durch besonders sorgfältiges Arbeiten Genüge getan werden. In Österreich werden neu installierte bzw. reparierte Rohrsektionen vor der Inbetriebnahme erst ausgiebig mit Trinkwasser gespült; danach erfolgt eine bakteriologische Untersuchung bzw. Abnahme.

Wiens moderne Wasserversorgung baut auf den „Karst"

Mit der industriellen Revolution und dem damit verbundenen explosionsartigen Wachstum vieler europäischer Metropolen, so auch von Wien, sowie dem steigenden Hygienebewusstsein kamen Mitte des 19. Jhdts. auch auf die Wasserversorgung neue große Herausforderungen zu. Woher gesundes Wasser für so viele Kunden nehmen und wie in der Stadt verteilen? Und wie die ständig effektiver werdenden Feuerwehren mit ausreichend Löschwasser versorgen? In Wien war die ab 1841 in Folge der verheerenden Cholera-Epidemie des Jahres 1830 errichtete „Kaiser-Ferdinands-Wasserleitung" bereits wieder an ihre Kapazitätsgrenzen gelangt, sodass der Bevölkerung pro Kopf und Tag bald nur noch vier bis fünf Liter Wasser zur Verfügung standen und sie folglich häufig auf Brunnenwasser zurückgreifen musste.

Das größte Manko der Kaiser-Ferdinands-Wasserleitung war aber die Herkunft des Wassers. Es wurde nämlich aus dem nahen Donaukanal gefördert, der kaum eine bessere Wasserqualität bot als viele der zu dieser Zeit rund 10.000 Hausbrunnen der Stadt. Neue Typhus- und Cholera-Fälle und die wie eine Drainage wirkende Kanalisation drängten somit zu einer dauerhaften Lösung!

Ein möglicher Ansatz bestand in der großtechnischen Erschließung der Karstquellen im Rax-/Schneeberggebiet (und später in der Region Hochschwab). Diese waren spätestens seit einem Jagdausflug Kaiser Karls VI. im Jahr 1736 zum Teil bekannt, sind jedoch rund 100 km von der Stadt entfernt. Die gebotene Wassermenge und -qualität sind aber einzigartig! Der Karst, eine Kalksteinformation, wird deshalb auch in anderen Regionen Europas für die Wasserversorgung genutzt.

Karst speichert die Niederschläge wie ein „steinerner Schwamm". Bis der Regen zu ihm durchdringt, wird dieser vom Waldboden auch noch gefiltert, weshalb Karstwasser als das beste Trinkwasser weltweit gilt! Zugleich ist der Karst aber eine äußerst „sensible" Formation; intensiv betriebene Weide- oder Forstwirtschaft zeigen sofort Wirkung! Im Rax-/Schneeberggebiet ist heute daher die Bewirtschaftung der Quellschutzwälder von den rei-

awareness rose, also urban water supply was faced with dramatic new challenges. Where to get sound drinking water for so many customers and distribute it all over the city area? How to supply enough fire-fighting water for the increasingly efficient fire brigades? The Kaiser Ferdinand Water Pipeline, which was built from 1841 in response to the devastating cholera epidemic haunting the city in 1830, was nearing its capacity limits. The per-capita water supply soon went down to only four to five litres a day, and people were often forced to resort to water from private wells.

The biggest drawback of the Kaiser Ferdinand Water Pipeline, however, was the origin of its water. The water was derived from the nearby Danube Canal, and its quality was just as poor as the water from the city's 10,000 private wells in use during that time. The resurgence of typhus and cholera and a sewer system that functioned like a drain were pushing for a long-term solution.

One option was the large-scale extraction of water from the karstic springs in the area of Rax and Schneeberg (and later from the Hochschwab region). Partly discovered during a hunting party of Emperor Charles VI. back in 1736, these springs are located some 100 km away from the city. But the amount and quality of the water they host is exceptional! The karst, a limestone formation, is therefore a popular source of water also in other European regions.

Karstic terrains store precipitation water like a "stone sponge". Before rainwater seeps into the karst caves, it gets additionally filtered by the forest soil. This makes karst water the best drinking water around the world! It also needs to be noted that karst is a very sensitive rock formation, and aggressive farming or forestry practices therefore show immediate effect. As a result, modern forest management in the source protection areas of Rax and Schneeberg has been decoupled from the mechanisms of a pure market economy and pasture farming may only be practised with utmost care. The karst formation in the Rax and Schneeberg area has been the subject of systematic and extensive research activities over the past twenty years. In recent times, it has also been under investigation by a number of EU-funded research programmes, in which the Vienna Waterworks (Municipal Department 31) are vitally involved. The knowledge gained from these programmes shall assist water supply companies and political decision-makers in preserving this precious resource also in times of climate change.

"Mountain spring water for the entire city? Suess, you are a fool!"

Needless to say, the supply of karst water from the Rax and Schneeberg area for metropolitan Vienna could not work along the same lines as during the reign of Emperor Charles VI. His liveried servants transported the water from the Kaiserbrunnenquelle to the Emperor's Palace in barrels on horseback, which thanks to a sophisticated courier service took only 36 hours.
The geologist and palaeontologist Dr. Eduard Suess, born in 1831, masterminded the large-scale use of karst water for urban water supply. Together with the Vienna City Council he reviewed numerous submitted project proposals, which all turned out to be inadequate. Mayor Dr. Andreas Zelinka received

nen Marktmechanismen abgekoppelt und auch die Weidewirtschaft darf nur unter größter Bedachtnahme erfolgen. Seit rund zwanzig Jahren wird die Karst-Formation im Rax-/Schneeberggebiet systematisch und flächendeckend erforscht. In jüngster Zeit auch im Rahmen von Forschungsprogrammen der Europäischen Union, an denen die Wiener Wasserwerke, die Magistratsabteilung 31, federführend mitwirken. Die dabei gewonnenen Erkenntnisse sollen sowohl die Wasserversorgungsunternehmen als auch die politischen Entscheidungsträger darin unterstützen, die wertvolle Ressource auch in Zeiten des Klimawandels zu bewahren.

„Hochquellwasser für die ganze Stadt? Suess, Sie sind ein Narr!"

Dass die Nutzung der Karstquellen im Rax-/Schneeberggebiet für die Großstadt Wien nicht wie in Zeiten des seligen Kaisers Karl VI. erfolgen konnte, lag auf der Hand. Seine livrierten „Wasserreiter" brachten das kostbare Nass der „Kaiserbrunnenquelle" noch in Fässern an den Wiener Hof, was dank ausgeklügelter Staffetten in nur rund 36 Stunden gelang.
Als „Mastermind" der großtechnischen Nutzung der Karstquellen sollte sich der 1831 geborene Geologe und Paläontologe Dr. Eduard Suess erweisen. Zusammen mit dem Wiener Gemeinderat prüfte er eine Vielzahl von eingereichten Projekten, die sich aber allesamt als unzureichend herausstellen sollten. Bürgermeister Dr. Andreas Zelinka erhielt 1864 seinen Schlussbericht, in dem Suess

und die Wiener Ärzteschaft mit Nachdruck für die Erschließung der Quellen im Rax-/Schneeberggebiet votierten – trotz der großen zu überwindenden Distanz. Postwendend brachte ihm dies die Feststellung des Bürgermeisters ein: „Suess, Sie sind ein Narr!" Der „Narr" sollte sich jedoch durchsetzen. Am 19. Juni 1866 beschloss der Gemeinderat die Errichtung der „Kaiser-Franz-Joseph Hochquellenwasserleitung". Ebenso den Ankauf von Karstarealen im niederösterreichisch-steirischen „Grenzland" und deren Widmung als Quellschutzgebiete. Bis heute wird dieses für die Wiener Wasserversorgung so wichtige Areal (und die Quellschutzgebiete der II. Wiener Hochquellenleitung) von insgesamt 220 Mitarbeiterinnen und Mitarbeitern des Magistrats nachhaltig bewirtschaftet. 1965 wurde das gesamte Rax-Schneeberg-Schneealpenmassiv zum Wasserschutzgebiet erklärt. Die wichtigsten Wasserspender für diese erste große Wiener „Wasserschiene" sind der „Kaiserbrunnen", die „Höllentalquelle", die „Fuchspassquelle" und die „Wasseralmquelle". 1988 kam zu diesen die „Pfannbauernquelle" im Aschbachtal hinzu.

Die Stadtväter hatten mit der heute als „Erste Wiener Hochquellenleitung" (I. HQL) bezeichneten Trasse den Grundstein für ein System gelegt, das zumindest in Europa bis zum heutigen Tag einzigartig ist: die Versorgung einer Millionenmetropole mit frischem Quellwasser aus den Bergen! Am Freitag, dem 24. Oktober 1873, also zur Zeit der Wiener Weltausstellung, war es schließlich so weit: Die damals größte Wasserleitung Europas konnte feierlich ihrer Bestimmung übergeben werden. Vom großen Ereignis zeugen noch heute der zeitgleich errichtete Hochstrahlbrunnen am Wiener Schwarzenbergplatz und die Hochbehälter am Rosenhügel, auf der Schmelz, am Wienerberg und am Laaerberg.

Im Wettbewerb um die Ausführung war der Bauunternehmer der Britischen Admiralität Antonio Gabrielli erfolg-

the final report in 1864, in which Suess and the city's medical professionals strongly recommended to tap the karst springs in the Rax and Schneeberg area, despite their huge distance from the city. The mayor responded to this request with the words: "Suess, you are a fool!" But the "fool" was to succeed in following through his plan. On 19th June 1866, the City Council approved the construction of the Kaiser Franz Joseph Mountain Spring Pipeline, and also the acquisition of karst terrains in the borderlands between Lower Austria and Styria and their transformation into source protection areas. These areas (and the source protection areas of the Second Mountain Spring Pipeline), on which Vienna's water supply system crucially depends, have been serviced and maintained by 220 City Council employees until today. In 1965, the entire Rax-Schneeberg-Schneealpen Massif was declared a water protection area. The most important springs nourishing the city's first large water supply line were the Kaiserbrunnen, the Höllentalquelle, the Fuchspassquelle, and the Wasseralmquelle. In 1988, the Pfannbauernquelle in the Aschbach Valley was added.

With the construction of the First Vienna Mountain Spring Pipeline, the City Council laid the foundation for a system unparalleled in Europe until the present day: it supplies an entire metropolitan city with fresh spring water from the mountains! During the Vienna World Exposition, more precisely on Friday, 24th October 1873, Europe's largest water pipeline was inaugurated. The Grand Fountain on Schwarzenbergplatz and the high-level water tanks at Rosenhügel, auf der Schmelz, Wienerberg and Laaerberg, built around the same time, are vivid reminders of that great event.

reich. Er verpflichtete sich, die Fernwasserleitung um 16 Millionen Gulden zu errichten. Da der Höhenunterschied zwischen der Quellfassung und dem Stadtgebiet rund 200 m beträgt, konnte Gabrielli ausschließlich mit der Schwerkraft arbeiten und so auf Pumpwerke verzichten; vor dem Hintergrund kostbarer werdender Energie in unseren Tagen ein weiteres wichtiges Plus! Neben Kavernen in den Bergen greift die entlang der Thermenlinie verlaufende „Erste Wiener Hochquellenleitung" wie die später errichtete „Zweite Wiener Hochquellenleitung" (II. HQL), auf eine der vielen Innovationen der Römer zurück, den Aquädukt. Wie in der Antike besteht sein Kanalteil nur aus Mauerwerk (bzw. im Fall der I. und II. HQL aus Beton), dessen Innenseite über einen wasserdichten Zementschleifputz (lateinisch „OPUS SIGNIUM") verfügt. An den beiden großen Wiener Wasserschienen stechen vor allem die weitläufigen Aquädukte bei Baden, Liesing, Mauer, Mödling sowie das „Luegeraquädukt" ins Auge. Die I. HQL wurde als reine „Freispiegelleitung" konzipiert; sie kommt also ohne Rohre aus.

Die „Zweite Wiener Hochquellenleitung", ein Werk der 10.000

War mit der Ersten Wiener Hochquellleitung also ein entscheidender Schritt in Sachen Wasserqualität und -quantität gelungen, sorgten die Eingemeindungen der Jahre 1858 bzw. 1890/91 und der anhaltende Zuzug in die damalige „Haupt-, Reichs- und Residenzstadt" dafür, dass der Bevölkerung schon um 1900 wieder nur mehr rund 56 Liter Trinkwasser pro Kopf und Tag zur Verfügung standen. Da die erste große Wiener Wasserschiene weit-

Antonio Gabrielli, Builder of the British Admiralty, was awarded the contract for constructing the pipeline and committed himself to completing the project for a sum of 16 million guilders. As the difference in height between the spring tapping and the city area was around 200 metres, Gabrielli could rely on gravity alone and therefore needed no pumping stations – another decisive advantage considering today's soaring energy costs. Running along the geothermal fault line, the First Vienna Mountain Spring Pipeline (and also the Second Mountain Spring Pipeline built several years later) borrows from Roman innovations such as the use of mountain caverns and the famous aqueducts. The latter have a sewer base exclusively made of stonework (in the case of the two Mountain Spring Pipelines of concrete) and their interior is lined with a waterproof roughcast ("OPUS SIGNIUM"). The most eye-striking aqueducts found along the pipelines' course are the ones near Baden, Liesing, Mauer and Mödling and the so-called "Lueger Aqueduct". The First Mountain Spring Pipeline (MSP I) was designed as an open conduit and therefore has no piping system.

The Second Vienna Mountain Spring Pipeline was built by 10,000 workers

The First Vienna Mountain Spring Pipeline proved a milestone, enhancing the quality and quantity of urban water. But when also the suburbs were incorporated in 1858 and 1890/91 and more and more people flocked to the "Emperor's city of residence", the daily per-capita amount of water available to the public around 1900 shrunk to 56 litres. The First Mountain Spring Pipeline had more or less reached its capacity limits, and the city was in need of new water source areas. The goal was to provide an amount of 140 litres per capita and day in the summer months, and 110 litres per capita and day for the rest of the year. This calculation was based on a population forecast of 2.4 million in the year 1920. The search for adequate water resources was extended to regions in Lower Austria, Styria and even Upper Austria. But only water from the area of Hochschwab in Styria proved of sufficient amount and quality and made the cost of spring water tapping economically worthwhile. Besides, there were fears of getting into trouble with other water users.

In 1895, studies had advanced to the point of enabling the Vienna Building Directorate to submit a basic draft for the project. The draft comprised water abstraction, water transport through the Salza Valley, pipeline routing and the pipeline outlet in Vienna. Mayor Dr. Karl Lueger consequently gave order to initiate the preparatory work for the Second Kaiser Franz Joseph Mountain Spring Pipeline, which was to cope with a daily capacity of 200,000 cubic metres of water. The ambitious project was finally approved by the Vienna City Council on 27th March 1900.

This water supply line, which after the fall of the monarchy was renamed into Second Vienna Mountain Spring Pipeline (MSP II), is predominantly nourished by the Brunngrabenquellen, the Höllbachquellen, the Kläfferquelle, as well as several smaller springs surrounding the Wildalpen (such as the Siebenseequellen). The authorities proceeded in the same way as with MSP I, purchasing large blocks of land and zoning them as source protection areas. In 1910, these areas – some of them acquired from the monks of Admont Abbey – totalled 6,058 hectares.

gehend an ihre Ausbaugrenzen gelangt war, galt es folglich neue Quellgebiete zu erschließen. Angepeilt wurde die Bereitstellung eines Tagesbedarfs von pro Kopf 140 Litern für die Sommermonate, während für das übrige Jahr pro Kopf und Tag 110 Liter aufgebacht werden sollten. Basis für die Berechnung war die für das Jahr 1920 erwartete Einwohnerzahl von 2,4 Millionen.

Die Suche nach geeigneten Wasservorkommen erstreckte sich auf Regionen in Niederösterreich, in der Steiermark und sogar in Oberösterreich, die, bis auf jene im steirischen Hochschwabgebiet, allerdings keine befriedigenden Ergebnisse im Hinblick auf die zu erwartenden Wassermengen, die Wasserqualität und die Errichtungskosten erbrachten. Überdies wurden rechtliche Probleme im Hinblick auf andere Wassernutzer befürchtet.1895 waren die Studien so weit fortgeschritten, dass das Wiener Stadtbauamt einen grundlegenden Entwurf über die Fassung und Ableitung der Karstquellen im Salzatal, einschließlich Trassenführung und Endpunkt der neuen Leitung in Wien, vorlegen konnte. Bürgermeister Dr. Karl Lueger ordnete daraufhin den Beginn der technischen Vorarbeiten für die „Zweite Kaiser-Franz-Joseph Hochquellenwasserleitung" an, die auf eine Tageswassermenge von 200.000 m^3 auszulegen war. Das ehrgeizige Projekt wurde am 27. März 1900 vom Wiener Gemeinderat genehmigt.

Wichtigste Wasserspender für die nach dem Ende der Monarchie als „Zweite Wiener Hochquellenleitung" (II. HQL) bezeichnete Wasserschiene sind die Brunngrabenquellen, die Höllbachquellen, die Kläfferquelle und einige kleinere Quellen rund um Wildalpen wie etwa die Siebenseequellen.

Wie im Fall der I. HQL wurden auch diesmal große Flächen angekauft und als Quellschutzgebiete gewidmet. 1910 umfassten diese unter anderem vom Stift Admont erworbenen Areale bereits 6.058 Hektar.

Auch die „Zweite Wiener Hochquellenleitung" funktioniert nach dem Gravitationsprinzip. Durch die Notwendigkeit, die Trasse entlang von hochgelegenen Seitentälern zu führen, erhielt die neue rund 180 Kilometer lange Wasserschiene schließlich ihr charakteristisches Profil: Sie ist eine Hangleitung, die, über 77 Kilometer Stollen, 74 Kilometer Kanalleitungen, 100 Aquädukte (etwa den 300 m überspannenden „Luegeraquädukt"), und 19 Düker (der längste davon misst 1.675 m), südlich an St. Pölten vorbeiführt und im Südwesten der Bundeshauptstadt eintrifft. Hinzu kommen die Quellkammern von fünf Hauptquellengruppen (insgesamt 34 Fassungsanlagen), 119 Zugänge für Revisionszwecke, rund 300 Kontrollschächte und weitere Objekte, die zur Erschließung der Baustellen zu errichten waren. Der Höhenunterschied zwischen dem Quellgebiet und der Einmündung in Wien beträgt rund 360 Meter.

Vor der Vergabe der Bauaufträge und dem ersten Spatenstich galt es allerdings erst umfangreiche Wasserrechts- und baurechtliche Verfahren zu durchlaufen. Und zunächst sah es ganz so aus, als ob sich die Gegner des Megaprojekts, an erster Stelle die Stadthalterei Graz, mit ihren Einwänden durchsetzen würden. „Grünes Licht" ergab erst die Hauptentscheidung vom 22. Februar 1906, nach der, ab dem 13. Juni, mit der Ausschreibung und Auftragsvergabe begonnen werden konnte. Für das Baulos zwischen St. Georgen und Scheibbs kamen die vier Unternehmen Leo Arnoldi, Dr. Mayreder und Peter Kraus, F. Marinelli und L. Faccanoni sowie Heinrich Sikora zum Zuge. Die rund 83 Kilometer lange Hauptleitung von Weichselboden bis St. Georgen bei Scheibbs wurde, so wie die Quellfassungen und deren Zuleitungen zum Hauptstrang, vom Wiener Stadtbauamt in Eigenregie gebaut. Die Baudurchführung erfolgte in zwölf Sektionen mit zusammen 24 Baulosen. Aufgrund der inzwischen sichtbar gewordenen Nachteile der in Ziegelbauweise er-

The Second Mountain Spring Pipeline, too, is based on the principle of gravitation. The new 180-km-long supply line derives its characteristic features from the need to arrange water transport along side valleys at high altitudes.

Designed as a gravity pipeline, it runs through 77 kilometres of tunnels, 74 kilometres of conduits, 100 aqueducts (such as the 300-metre-wide Lueger Aqueduct) and 19 culverts (the longest extending over 1,675 m), passes south of the city of St. Pölten and finally enters the federal capital coming from the southwest. It also hosts the water collection chambers of five main groups of springs (in total 34 abstraction wells), 119 access points for maintenance and repair, 300 monitoring pits, and various other installations needed for construction site development. The difference in height between the source area and the outlet in Vienna is 360 metres.

Prior to the award of the builder contracts and the first cut of spade, however, several permitting procedures for obtaining the relevant water and construction licenses had to be completed. At first it looked like the opponents of this mega-project, above all the City Governor's Office in Graz, would thwart the project. The project finally got the go-ahead on 22nd February 1906, when the decision was made to initiate the call for tenders and contract award procedure on 13th June. The construction lot between St. Georgen and Scheibbs went to the companies Leo Arnoldi, Dr. Mayreder and Peter Kraus, F. Marinelli and L. Faccanoni as well as Heinrich Sikora. The 83-km-long mains extending from Weichselboden to St. Georgen bei Scheibbs, as well as the abstraction wells and their connecting lines to the mains, were completed by the Vienna Building Directorate. Construction activities were split into twelve sections with a total of 24 construction lots. As the use of brickwork in the aqueducts of MSP I had resulted in several drawbacks, the new MSP II aqueducts passing through an extensive flysch formation were made of local stonework resting on a concrete base.

2nd December 1910: Connecting the Second Vienna Mountain Spring Pipeline to the public water system

The construction of the Second Mountain Spring Pipeline was mainly carried out by manual labour. The only technical aids the 10,000 workers could resort to were cable cars, sloping elevators, and light railways with steam locomotives. Tunnelling works were performed with the help of electrical drills and ventilation units. The massive scale of pipelaying even tempted engineers to develop two new types of cast iron pipes for a more economical operation: "Neues Wiener Normale" for operating pressures of up to 7.5 bar overpressure and "Neues Verstärktes Wiener Normale" for a water pressure in the range of 7.5 to 11 bar overpressure. The inauguration of the new water supply line had been scheduled for 1911. But due to a severe water shortage in the winter of 1908, the original date was cancelled and set to 2nd December 1910, the anniversary of Emperor Francis Joseph I.'s accession to the throne. Needless to say, this put the workers at the construction sites under additional pressure. But the seemingly impossible task was accomplished, and the crowds that were gathering in front of Vienna City Hall the same day saw fresh drinking

richteten Aquädukte der I. HQL verwendete man bei den neuen, über weite Strecken in einer Flyschzone verlaufenden Talquerungen der II. HQL örtliches Steinmaterial auf Betonfundamenten.

2. Dezember 1910: Die „Zweite Wiener Hochquellenleitung" geht ans Netz

Die Errichtung der „Zweiten Wiener Hochquellenleitung" selbst erfolgte überwiegend in schweißtreibender Handarbeit. An technischen Hilfsmitteln standen den rund 10.000 Arbeitern nur Seilbahnen, Schrägaufzüge und Feldbahnen mit Dampflokomotiven zur Verfügung. Für den Stollenbau gab es immerhin schon elektrische Bohrmaschinen und Bewetterungsaggregate. Das immense Ausmaß der Rohrverlegungen führte sogar zur Entwicklung von zwei neuen Gusseisen-Rohrtypen, die ein besonders wirtschaftliches Arbeiten ermöglichten: dem „neuen Wiener Normale" für Betriebsdrücke bis zu 7,5 atü und dem „neuen verstärkten Wiener Normale" für einen Wasserdruck zwischen 7,5 und 11 atü. Die Inbetriebnahme der neuen Wasserschiene sollte im Jahr 1911 erfolgen. Nach der großen Wasserknappheit im Winter 1908 wurde dieses Ziel allerdings verworfen und dafür der 2. Dezember 1910, der Jahrestag des Regierungsantritts von Kaiser Franz Joseph I., festgeschrieben, was naturgemäß für zusätzlichen Arbeitsdruck auf den Baustellen sorgte. Und tatsächlich, das schier Unmögliche gelang, wovon sich auch die vor dem Wiener Rathaus versammelten Festgäste überzeugen konnten. Denn vom Springbrunnen im Rathauspark schoss auf den Tag ge-

nau frisches Trinkwasser aus den Salzatalquellen hoch in die Luft! Nicht mehr vergönnt war es hingegen Bürgermeister Lueger, das mit rund 100 Millionen Kronen Errichtungskosten zu den größten Bauvorhaben der ausgehenden Monarchie zählende Werk noch in Funktion zu erleben; er war bereits am 10. März 1910 verstorben.

Auch nach 137 beziehungsweise 100 Jahren unverzichtbar wie einst!

Das in den beiden Wasserschienen transportierte kostbare Nass erreicht Wien nach etwa 24 bzw. 36 Stunden, weshalb die Wiener Wasserwerke, im Hinblick auf die zu erwartenden täglichen Wasserverbräuche, noch heute entsprechend vorausschauend planen müssen. Mit dem 1966 fertiggestellten Tiefbrunnen in der Lobau und dem neuen Wasserwerk „Moosbrunn" ist die Trinkwasserversorgung auch in Zeiten von Verbrauchsspitzen und im Fall von Wartungsarbeiten an den Hochquellenleitungen gesichert. In den Wasserwerken im Nahbereich der Donau wird Uferfiltrat des Flusses für die Wasseraufbringung genutzt.

Der entlang des Gefälles der beiden Wiener Hochquellenleitungen aufgebaute Wasserdruck wurde ursprünglich durch „Unterbrecherschächte" (in den Quellgebieten) bzw. sogenannte „Clayton-Ventile" abgebaut, um in allen Stadtteilen für niedrigere und ausgeglichene Druckverhältnisse zu sorgen. Heute werden die Druckvernichtungsanlagen als Kleinwasserkraftwerke genutzt. Die Stromgewinnung in den insgesamt fünfzehn „Trinkwasserkraftwerken" (zwei davon sind Eigentum der „Wienstrom") versetzt die Wiener Wasserwerke in die Lage, nicht nur energieautark zu wirtschaften, sondern sogar Strom ans öffentliche Netz zu verkaufen! Die Stromproduktion hat keine negativen Auswirkungen auf die Trinkwasserqualität.

water from the Salza Valley springs rising from the fountain at Rathauspark high up into the air! Only Mayor Lueger did not live to attend the inaugural ceremony of the construction project, with costs of 100 million crowns one of the biggest of the late monarchy. He died on 10th March 1910.

Still indispensable after 137 and 100 years of operation

The water which is transported through the two supply lines takes around 24 to 36 hours to reach the city. The Vienna Waterworks therefore need to plan ahead to match the water supply with daily water consumption forecasts. The deep well in Lobau completed in 1966 and the new waterworks at Moosbrunn guarantee a safe drinking water supply, even during consumption peaks and maintenance or repair activities along the pipelines. The waterworks along the Danube use bank-filtered river water to cover the water demand.

The water pressure which builds up along the gradient of the two Mountain Spring Pipelines was originally reduced by "interruptor shafts" (in the source areas) and Clayton valves, thus facilitating lower and more balanced pressures in all districts of the city. Today, these pressure-reducing facilities are used as small hydropower plants. The electricity generated in the fifteen "drinking water power plants" (two are owned by the city's electric utility Wienstrom) allows the Vienna Waterworks to remain independent as electricity producers and even sell electricity to the public grid. Electricity generation does not impair the drinking water quality.

Wastewater: Out of sight, out of mind?

To preserve human health and safeguard the natural eco-system, water supply and wastewater disposal and treatment must be efficiently attuned to each other. Even Roman Vindobona (Vienna) back in 100 AD had a sewer system which was highly advanced by our modern standards. After the decline of the Roman Empire, this know-how was to fall into oblivion for another thousand years to come. It was not until the late Middle Ages that in Vienna the covert knowledge of the Roman innovations was brought back to life. In the 18th century, Vienna became a pioneer in sewer operation and maintenance. In 1739, it was the only European city to host a near-complete sewage system within the city walls. But there was not yet sufficient protection from deadly diseases.

In February 1830, an ice jam in the Danube River triggered a centennial flood which inundated large parts of the city area for several days, causing massive groundwater contamination. 4,000 people died in the cholera epidemic that was to follow, and it was for the first time assumed that the pathogens might re-enter the drinking water system via the sewage. In the autumn of 1831, construction activities for the Right Wien River Collector were initiated. The sewer was immediately nicknamed "cholera sewer". The construction of the Left Wien River Collector and the vaulting of several urban watercourses finally laid the foundation for Vienna's 2,300-kilometre-long sewer system as it looks today, and from which shortly after the Second World War also a movie character – the "Third Man" – was to draw benefit.

By the 1960s, the booming economies in many parts of the world were creating an enormous strain on the receiving waters of the sewer system. Soon their

Abwasser: Aus dem Auge, aus dem Sinn?

Für die Gesundheit der Menschen und die Bewahrung der Natur ist ein enges Ineinandergreifen von Wasserversorgung und effizienter Abwasserentsorgung bzw. -reinigung unverzichtbar. Schon das römische Vindobona (Wien) verfügte um 100 n. Chr. über ein noch heute modern anmutendes Kanalnetz. Mit dem Zerfall des Imperiums geriet dieses Know-how wieder für gut 1.000 Jahre in Vergessenheit. Erst im Wien des Spätmittelalters griff man wieder auf die Innovationen der Römer zurück. Im 18. Jhdt. übernahm Wien zum ersten Mal eine Vorreiterrolle im Kanalisationswesen. 1739 war es nämlich die einzige europäische Stadt, die innerhalb der Mauern nahezu vollständig kanalisiert war! Dennoch kam es immer wieder zu tödlichen Seuchen. Im Februar 1830 verursachte ein Eisstoß der Donau ein Jahrhundert-Hochwasser, das einen Großteil des Stadtgebiets für mehrere Tage überflutete und das Grundwasser hochgradig verseuchte. Die Folge war eine Cholera-Epidemie, die rund 4.000 Tote forderte und erstmals vermuten ließ, dass der Krankheitserrger über das Abwasser wieder ins Trinkwasser gelangen kann. In der Folge wurde im Herbst 1831 mit dem Bau des Sammelkanals am Rechten Wienfluss begonnen, den der Volksmund prompt „Cholera-Kanal" nannte. Mit dem Bau des Linken Wienflusssammelkanals und der Einwölbung mehrerer Stadtbäche wurde schließlich die Basis für das heutige, rund 2.300 Kilometer lange Kanalnetz der Bundeshauptstadt gelegt, von dem, kurz nach dem Zweiten Weltkrieg, auch eine Filmfigur, der „Dritte Mann", profitieren sollte.

Spätestens in den 1960er-Jahren führte nicht zuletzt die boomende Wirtschaft in vielen Teilen der Welt dazu, dass die Vorfluter für das Kanalnetz immer mehr an ihre biologischen Grenzen stießen. Angesichts von Algenblüten, toten Fischen und einer generell immer schlechter werdenden Gewässergüte galt es dringend zu handeln. Die Zeit war reif für Kläranlagen! In Europa, so auch an der Donau, führte die beginnende politische Integration mehr und mehr auch zum grenzüberschreitenden Schutz der Gewässer.

Abwasserreinigung nach dem Vorbild der Natur!

In Wien mündete dieser Trend zunächst in die Errichtung der ersten, einfachen Kläranlage in Inzersdorf-Gelbe Heide (1947–1951) und, im Jahr 1969, zum Bau der ersten vollbiologischen Kläranlage in Inzersdorf-Blumenthal, die für 150.000 Einwohnerwerte (EW) ausgelegt war. Sie blieb bis 2005 in Betrieb und wird seither nur mehr als Regenwasserkläranlage eingesetzt. Das Jahr 1969 markierte zugleich den Planungsbeginn für die mechanisch-biologische „Hauptkläranlage Wien". Sie ging 1980 in Betrieb und ist für eine Ausbaubelastung von 2,5 Mio. EW ausgelegt. Der anfallende Klärschlamm dient der Energiegewinnung.
1990 wurde das österreichische Wasserrechtsgesetz novelliert. Dies führte 1992 zum Konzept, die Wiener Hauptkläranlage in eine zweistufige Anlage auszubauen, die das Vorbild natürlicher Reinigungsprozesse großtechnisch umsetzt. Die Mitte Juni 2005 vorläufig abgeschlossene Erweiterung und Modernisierung der Hauptkläranlage Wien stellt mit Investitionskosten von 225 Millionen Euro das komplexeste Öko-Bauvorhaben dar, das bisher in Österreich verwirklicht worden ist. Das Klärwerk zählt seither zu den größten und modernsten in Europa!
Seit 2006 werden auch die Mischwässer, also Abwasser plus Straßenwasser, nicht mehr in den Vorfluter Wien-

biology could not longer cope with the burden. Algal bloom, dead fish and a rapidly deteriorating water quality demanded urgent action. The time was ripe for water treatment plants! In Europe, and thus also along the Danube, the growing trend towards political integration also led to more water protection efforts across national borders.

Wastewater treatment modelled on nature

In Vienna, this trend initially led to the construction of the first unsophisticated wastewater treatment plant in Inzersdorf-Gelbe Heide (1947–1951). The first fully biological wastewater treatment plant in Inzersdorf-Blumenthal, designed for a population equivalent (PE) of 150,000, followed in 1969. The latter remained in operation until 2005 and now merely serves as a rainwater conditioning plant. The year 1969 also marked the start of the planning activities for the city's mechanical-biological Main Wastewater Treatment Plant. This plant, designed for an established capacity of 2.5 million PE, was inaugurated in 1980. The by-produced sewage sludge is used for energy recovery.
In the wake of the Austrian Water Conservation Act amendment in 1990, a new concept was developed in 1992 to upgrade the Main Wastewater Treatment Plant into a two-stage facility. The new plant was to become an industrial-scale model of the purification processes found in nature. The 225-million-euro expansion and modernisation programme for the Main Wastewater Treatment Plant was completed in mid-June 2005 and represents the most complex ecological construction project ever executed in Austria

to date. The wastewater treatment plant has since then become one of the largest and most technically advanced facilities in Europe!

The discharge of combined sewage (comprising sewage and stormwater runoff) into the Wien River was stopped in 2006. These effluents are now intermediately stored in the huge Wiental Sewer, from where they are gradually released and transported to the Main Wastewater Treatment Plant. The 2.6-km-long Wiental Sewer runs underneath the bottom of the Wien River at a depth of 30 metres. With an inner diameter of 7.5 metres, it can take up 110,000 cubic metres of wastewater.

The extension of the relief sewers alongside the Danube Canal, the Liesingbach and the Wien River up to the suburban town of Purkersdorf is currently under way and scheduled for completion in 2015. But even now the Danube water that leaves the metropolitan area of Vienna has the same good quality it has before flowing into the city.

While wastewater and waste prevention is essential, it is also important to keep abreast with modern water supply and wastewater treatment technologies. After all, the future has long started! The continuous improvement of analytical testing methods enables us to trace a growing number of material residues of our civilised society in the water cycle. Examples include pharmaceutical residues, nanomaterials and even hormones, whose effects are only now starting to be investigated. Without doubt it all depends on the dose, as Paracelsus noted. But this will not spare us the effort of devoting more time to water management. What Johann Wolfgang von Goethe so rightly said about gold in his "Faust I" masterpiece holds true even more for our most precious resource: To water still tends, on water depends, all, all!

fluss entlassen, sondern im gigantischen „Wiental-Kanal" zwischengespeichert und von dort nach und nach an die Hauptkläranlage abgegeben. Der 2,6 km lange Wiental-Kanal verläuft in dreißig Metern Tiefe direkt unter dem Bett des Wienflusses und kann bei einem Innendurchmesser von 7,5 m rund 110.000 m^3 Abwasser aufnehmen!

Der bislang noch fehlende Ausbau der Entlastungskanäle im Bereich Donaukanal, Liesingbach und entlang des Wienflusses bis nach Purkersdorf soll 2015 abgeschlossen sein. Doch schon heute verlässt die Donau die Millionenstadt Wien in der gleichen guten Wasserqualität, mit der sie ins Stadtgebiet eingetreten ist!

Neben der Abwasser- und Abfallvermeidung gilt es aber auch, die Technologien in der Wasserver- und Abwasserentsorgung stets up to date zu halten, denn die Zukunft hat längst begonnen! Verbesserte Untersuchungsmethoden erlauben es, immer mehr Reststoffe unserer Zivilisation im Kreislauf des Wassers nachzuweisen. Beispiele dafür sind Abbauprodukte von Arzneien und Nanowerkstoffen, aber auch von Hormonen, deren Wirkung erst nach und nach aufgeklärt wird. Ohne Zweifel wird auch in diesem Zusammenhang zwar die Feststellung des Paracelsus gelten: „Die Menge macht's." Die noch intensivere Beschäftigung mit diesem Thema bleibt uns dennoch nicht erspart. Denn, was Johann Wolfgang von Goethe in „Faust I" für das Gold so richtig feststellt, gilt erst recht für unser Lebenselement Nummer eins: Nach Wasser drängt, am Wasser hängt doch alles!